ave been the true hybrids

nsane asylums, sv[imm]ing

drals, sanctuaries, [   ] sh

ultaneously. Pools to catch

 actors and the spectators;

 concerns the constantly

 changing sense of reality

d their presentations, all in

ework; space stations and

d to the lust for high tech,

ge each and every desired

s a spectator would like to

uous enough in every day

hrough the church via the

e station? No one, we „

And there we have it all. "

JÖRG FRIEDRICH pfp architekten
THEATERS

HERAUSGEGEBEN VON
EDITED BY:
IVANA PAONESSA

MIT BEITRÄGEN VON
WITH CONTRIBUTIONS BY:
DIRK BAECKER
JÖRG FRIEDRICH
KLAUS KUSENBERG
MARTINA LÖW
GUY MONTAVON
AMÉLIE NIERMEYER
IVANA PAONESSA
FRIEDRICH SCHIRMER

JORG FRIED RICH

pfp

THEATERS

architekten

jovis

**INTERAC-
TION!**

ZUSAMMENSPIEL!

Schauspielhaus Düsseldorf
„Hamlet", 2011
Bühnenbild   stage design:
Bente Lykke Møller

Ivana Paonessa

DIE NOTWENDIGKEIT DER FANTASIE

Solange der Mensch sich auf den Bereich des Nützlichen beschränkt, bewegt er sich im Wettkampf mit den Realitäten der Natur, nicht ohne seine hochentwickelten technischen Fähigkeiten, seine Rationalität dabei auszuspielen, jedoch immer auf Augenhöhe mit der ihn umgebenden Natur und ihren Setzungen. Wenn allerdings die Fantasie ins Spiel kommt, der Anspruch und die Fähigkeit, Realitäten in Bilder zu transformieren, gleichsam nutzlose Aktivitäten zu schaffen und darzustellen, hört der Mensch auf, mit der Natur zu wetteifern, um seinen tiefen Unterschied und zentrale Überlegenheit in dieser Welt zu bestätigen. Das Theater ist einer von diesen Orten, an denen seit Jahrtausenden das Spiel der Fantasie ermöglicht wird. Es möchte mit dem Spiel der Fantasie die Zuschauer nicht allein mit einer kurzen Flucht aus der Realität verführen; das Theater soll als Ort eines gemeinsamen Selbstverständnisses, im Sinne eines wichtigen Wir-Gefühls, eines Rituals aufgefasst werden, durch das die Vorstellungen von kultureller und sozialer Bedeutung ihren künstlerischen Ausdruck bekommen und kollektive menschliche Wahrheiten entdeckt werden.

Dieses Buch gibt einen Überblick über Entwicklungen und Denkanstöße im zeitgenössischen Theaterbau. Am Beispiel von Arbeiten der Architektengruppe pfp architekten aus Hamburg, die um Jörg Friedrich herum seit 1990 den Begriff des Theaterbaus erforscht und ständig an eigenen Realisierungen und Konzepten überprüft, werden Räume und architektonische Orte vorgestellt, in denen die oben beschriebene Fantasie ausgelebt wird.

Die neuen Theaterprojekte von Jörg Friedrich und pfp architekten beschreiben die Transformation eines Ortes zum Kulturstandort und dessen architektonische Ausformung im urbanen Kontext von Stadt.

Vorgestellt werden Theaterprojekte von pfp architekten im Hinblick auf vier wesentliche Themenstellungen, die im Planungs- und Realisierungsprozess von Theaterbauten als Leitfaden und Entscheidungshilfe auch für zukünftige Theaterarchitekturen dienen könnten.

Theaterarchitektur ist Ausdruck politischer Willensbildung; sie ist Abbild demokratischen Selbstbewusstseins in der Stadt; Theater können als Kulturbausteine Anstoß zur Neuentwicklung vergessener urbaner Räume geben; das Weiterbauen und Ergänzen von vorhandenen Theaterstrukturen ist eine Chance für das Theater und die Stadt; Theaterbauten als High-Tech-Forschungsexperimente geben den Blick in die Zukunft frei.

Ohne drei wichtige Komponenten, welche die Bedeutung des Theaters für die Stadtkultur der Zukunft definieren, wäre ein Buch über Theaterarchitektur unvollständig: Das Publikum, die Stadt und das Theater selbst bespielen die architektonischen Setzungen und formen diese erst in den Ort der Fantasie um.

Das Publikum und sein Theater

Die Fragestellung des „Wer ist ‚Wir' im Theater?" wird im Essay des Soziologen Dirk Baecker behandelt. Die Suche nach der Definition des Publikums und seinen Möglichkeiten im Theater in der gegenwärtigen Gesellschaft ist der erste Schritt auf dem Weg zum Verständnis der Bedeutung des Geschehens vor und hinter der Bühne für den kulturellen und architektonischen Kontext.

Die Stadt und ihr Theater

Die Bedeutung der Rolle der Stadt, in der auch in Zukunft Theater stattfinden wird, ist wichtiger Teil der Untersuchungen zum städtischen Raum der Stadtforscherin Martina Löw. Sie präzisiert in ihrem Beitrag die Formen, Deutungsmuster und Sinnhorizonte urbaner Kulturen, die sich zu gemeinsamen Weltsichten verdichten und als verschiedene Kulturen in urbanen Welten unterscheiden lassen. Löw untersucht die Materialisierungen dieser Kulturen in Form von Objekten, Theatern und Institutionen, welche sie in die Auseinandersetzung mit städtischen Formen, Codes und Deutungsmustern bringt. Sie interpretiert Stadt und Theaterkultur als bedeutenden Teil im Zusammenspiel der Überlagerung von sehr unterschiedlichen, vielfältigen Sinngeweben, die im einzelnen differenziert aufgezeigt werden.

Theatermacher und ihr Theater

Vier der von Jörg Friedrich und pfp architekten entworfenen Theaterprojekte werden von ihren Intendanten auf ihre Theatertauglichkeit getestet. Klaus Kusenberg, Guy Montavon, Amelie Niermeyer und Friedrich Schirmer beschreiben als Leiter großer deutscher Theaterbühnen ihre sehr persönliche Wahrnehmung von Architektur und Raum in Bezug auf ihre eigenen Theaterinszenierungen und formulieren für die Architekten Wünsche an das zukünftige Theater.

Ivana Paonessa

THE NECESSITY OF FANTASY

"Adieu, dit le renard. Voici mon secret.
Il est très simple:
on ne voit bien qu'avec le coeur.
L'essentiel est invisible pour les yeux"
(ANTOINE DE SAINT EXUPERY, "LE PETIT PRINCE")

As long as man restricts himself to utilitarian thinking, he finds himself in competition with the realities of nature, not without activating his highly developed technical abilities, his rationality, but nevertheless always at eye level with the surrounding nature and its conditions. When, however, fantasy enters the picture, the desire and the ability to transform realities into images, to create and to depict useless activities, so to speak, the competition with nature discontinues and man begins to confirm his profound distinction and decisive superiority in this world. The theater is one of those venues where the play of fantasy is possible. With the play of fantasy, it does not only tempt the spectators to flee from reality for a short moment but should also be perceived as a place of common self-recognition, an important sense of "we," a ritual through which culturally and socially significant ideas find their artistic expression, helping to discover those truths that are common to mankind.

This book is an attempt to give an overview of developments in contemporary theater structure. Through examples of work done by the architect group, "pfp architekten" in Hamburg, researching under Jörg Friedrich the concept of theater design since 1990 and continually evaluating this concept on the basis of their own ideas and accomplishments, spaces and architectonic venues are presented in which the above-described fantasy takes place.

New theater projects by Jörg Friedrich and the pfp architect group are concerned with the architectural transformation of a particular location into a cultural center and its architectonic establishment within the urban context of a city. These projects are presented with reference to four essential points which, in the process of planning and constructing the building, could serve as a guide and help in decision-making for future theater architecture.

Theater architecture is an expression of political will and the image of urban, democratic self-confidence; theaters as cultural constituents can stimulate the renovation of neglected urban spaces; the expansion and enhancement of existing theatrical structures can mean a chance for the theater and the city itself; theater construction as a high-tech research experiment opens perspectives for the future.

There are three important components defining the role of the theater for future urban culture, without which a book on theater architecture would be incomplete: the audience, the city, and the theater itself represent the architectonic determinants that form the site into a place of fantasy.

The Audience and its Theater

The question of "Who is 'We' in the Theater?" is discussed in the essay by the sociologist, Dirk Baecker. The search for a definition of the spectator and his role in the theater of our present society is the first step toward understanding the significance of what takes place on and behind the stage in its cultural and architectural context.

The City and its Theater

The significance of the role of the city in which future theater will take place is a component of the investigation of urban space by the city researcher, Martina Löw. She defines the forms, modes of interpretation, and values of urban culture, which are condensed in general world views and nevertheless differentiated as individual cultures within the urban world. Löw looks at the material representations of these cultures in the form of objects, theaters, and institutions that she includes in her examination of city forms, codes, and modes of perception. She interprets city and theater culture as an important part of the interaction in the overlapping of very different and manifold senses of value, which are presented here in individual differentiation.

The Theater Crew and its Theater

The suitability of four of Jörg Friedrich's theater project designs is evaluated here by their individual directors. As heads of large German theater facilities, Klaus Kusenberg, Guy Montavon, Amelie Niermeyer and Friedrich Schirmer describe their very personal perception of architecture and space as regards their own theatrical productions, formulating for the architects their desires for the theater of the future.

Schauspielhaus Nürnberg
„Enron", 2010

DANK GRATITUDE

Dank möchten wir allen Autorinnen und Autoren sagen für die unermüdliche Unterstützung: der Geschäftsführerin der Dramaturgischen Gesellschaft in Berlin, Susanne Jaeschke, für die großzügige Bereitstellung von Archiv- und Textmaterial; den Theatern, dass sie die Publikation mit Bild- und Textmaterial so großzügig unterstützt haben, besonders Dr. Arne Langer vom Theater Erfurt, Isabelle Schneider vom Schauspielhaus Nürnberg und Staffan Valdemar Holm, dem neuen Intendanten am Schauspielhaus Düsseldorf mit seinem Team. Dank an die Fotografen, die die Publikation mit der Zurverfügungstellung ihrer Fotos überhaupt erst mit ihrer Sehweise so opulent ermöglichen: Marion Bührle, Ralf Buscher, Jens Dünhölter, Lutz Edelhoff, Guido Erbring, Klaus Frahm, Detlev Güthenke, Sebastian Hoppe, Heiner Leiska, Ado Lupinetti, Michael Miltzow, Concetta Monaci, A.T. Schäfer, Petra Steiner, Steffan Sturm, Ulf Sturm, Alfred Wittbrock für ihre fotografische Architektur- und Theaterrezeption sowie Ingrid von Kruse für ihre Porträtfotos.

Dank gebührt dem Team von pfp architekten um Jörg Friedrich in Hamburg für die Zusammenarbeit, allen voran dem Geschäftsführer Günter Wagenknecht sowie Götz Schneider, Henning Scheid, Ulf Sturm, Ulf Grosse als Projektleiter, die bei der Erstellung des Buches das Redaktionsteam mit den jungen Mitarbeitern Tianran Lin, Pietro Delvecchio, Vera Dohmen, Miriam Gruppe und Annika Poppel mit ihrer Kreativität und ihrem Sachverstand so intensiv unterstützt haben.

Ohne die inspirierenden und aufmunternden Gespräche bei den unvergesslichen Aperitivi und Essen bei „Maria" und im „Frantoio", bei Maurizio mit Carlo, Gabriella und Sergio Centofanti in Capalbio wäre dieses Buch wohl nie entstanden.

Besonders dankbar sind wir Dr. Carolyn Kayser für ihre inspirierte Übertragung der deutschen Texte ins Englische, Susanne Rösler für die elegante grafische Gestaltung und Philipp Sperrle für sein geschliffenes Lektorat.

Die Publikation ist eine Würdigung der engagierten Bürger, Kulturpolitiker und Theatermacher, der Architekturbegeisterten und Theaterliebhaber, Theaterfanatiker und Theatergegner, die in ihren Städten mit ihren Theatern leben wollen und sich darin wieder finden und auf eine Zukunft vorbereiten.

Gerade in der Zukunft werden Theater zu Hoffnungsträgern neuer urbaner Kultur. Sie eröffnen Möglichkeitsräume in neuen städtischen Kontexten. Sie setzen ein wichtiges Signal für die Selbsteinschätzung unserer städtischen Gesellschaften und für die Wertschätzung von Kultur in der Zukunft der Stadt.

We wish to thank all of the authors for their untiring support: the Managing Director of the Dramaturgy Society in Berlin, Susanne Jaeschke, for her generous provision of archive and text material. Thanks also go to the theaters for their willing support of this publication by providing text and photographic material, in particular Dr. Arne Langer from the Theater Erfurt, Isabelle Schneider from the Schauspielhaus Nuremberg and Staffan Valdemar Holm, the new Theater Director at Schauspielhaus Düsseldorf and his team, and to the photographers themselves who with their own eyes actually made such an opulent publication possible by putting at our disposal their photographs: Marion Bührle, Ralf Buscher, Jens Dünhölter, Lutz Edelhoff, Guido Erbring, Klaus Frahm, Detlev Güthenke, Sebastian Hoppe, Heiner Leiska, Ado Lupinetti, Michael Miltzow, Concetta Monaci, A.T. Schäfer, Petra Steiner, Steffan Sturm, Ulf Sturm, and Alfred Wittbrock for their photographic concept of architecture and theater, as well as Ingrid von Kruse for her portrait photography..

We thank Jörg Friedrich and his team in Hamburg for their cooperation and patience, above all, the Managing Director, Günter Wagenknecht and Götz Schneider, Henning Scheid, Ulf Sturm and Ulf Grosse as Project Director, who, with their creativity and expertise, gave such intensive support to the editorial staff with its young colleagues, Tianran Lin, Pietro Delvecchio, Vera Dohmen, Miriam Gruppe and Annika Poppel during the production of the book.

Without the inspiring and encouraging discussions during the unforgettable aperitifs and meals at "Maria" and in "Frantoio", at Maurizio's, with Carlo, Gabriella and Sergio Centofanti in Capalbio, this book would never have been written.

We are especially grateful to Dr. Carolyn Kayser for her inspiring translation of the German texts into English, to Susanne Rösler for her elegant graphic design and to Philipp Sperrle for his refined job of editing.

This publication is to acknowledge those committed citizens, cultural administration policies and theater crews, architecture enthusiasts, theater lovers, theater fanatics, and theater opponents who wish to live in "their" cities with "their" theaters, considering themselves represented, laying the ground for the future.

For in the future, it will be the theaters that are the harbingers of a new urban culture. They are the ones who open perspectives in new urban contexts. They set an important sign of self-esteem in our urban populations—and of high regard for culture in the future of the city.

Jörg Friedrich

THEATER
DER
EINFACHHEIT

Seit vielen Jahren arbeiten wir an der Entwicklung von Räumen für das Theater bis zur architektonischen Umsetzung. Was sind eigentlich gute Theaterräume?

Es sind Räume für Menschen, die ihre Gefühle, ihre Lust zur Selbstdarstellung, ihre Träume und Sehnsüchte, ihre unterschiedlichsten Bedürfnisse ausleben wollen in dem gemeinsamen Erlebnis urbaner Theaterkultur ohne Zwang, Angst oder Druck.

Ein guter Theaterraum fasst diese so unterschiedlichen Individuen zum „Publikum" zusammen. Es ist die Inszenierung des Theaterstückes, die den Zuschauer bannt. Natürlich; er ist Teil der Inszenierung und gleichzeitig Verstärker für die Schauspieler. „Theater findet erst statt, wenn eine temporäre Gesellschaft von zuschauenden Menschen aktiv an dem teilnimmt, was eine Gruppe von spielenden Menschen ihnen vor Augen führt. Durch die unentbehrliche Anwesenheit des Zuschauers, seine Ablehnung, seine Zustimmung, ermöglicht das Publikum aber auch den Schauspielern und dem Regisseur, seine Arbeit in einem anderen Licht zu sehen. Das Publikum hilft dem Ensemble, über sich selbst hinaus zu gehen."[1] Zu dieser Auseinandersetzung benötigen beide als Mittel den architektonischen Raum, der Dichte, Nähe, Einfachheit und Komplexität, Atmosphäre und völlig unterschiedliche theatralische Ausdrücke ermöglichen, unterstützen und beflügeln kann.

Es ist der einfache Raum, der dies leisten kann. Unsere gesamten Theaterräume sind „Einfache Räume" im besten Sinn des Wortes. Architektonische Räume, die Menschen mit ihren unterschiedlichen Sozialisationen, Gefühlen und Prägungen zulassen, verstärken, um sie zu etwas Besonderem zusammenzubringen, ohne ihnen ihre Individualität zu nehmen. Der architektonische Raum lässt sie im gemeinsamen Erleben im Theater ein neues Selbstbewusstsein erfahren – möglicherweise, oder: Das Stück war schlecht: Auch eine Erfahrung. „Theater ist Leben", sagt Peter Brook. Dann fragt er sich, warum in der Architekturdarstellung von

modernen Theatern in Architekturbüchern der Hochglanzpublikationen nie Menschen dargestellt sind. Architektur ist menschenleer, sie hält den Menschen möglicherweise nicht aus, weil er ablenkt von ihr. Kann man sich eine schwangere Frau mit einem Esel vorstellen, die durch eine architektonisch raffiniert designte Türöffnung spaziert, um in einer Architekturfotografie verewigt zu werden? Natürlich nicht, das würde den Maßstab, die Proportion der Türöffnung sprengen, sagen die Architekten. Nein, sagen die Forscher, die Figuren würden ablenken von der abstrakten „schönen" Architektur. Die belebte schwangere Figur und der Esel wären allemal wichtiger für den Betrachter als alle Architektur. Also verzichten die Architekten lieber auf die Menschen, um die Wirkung der Architektur nicht schon im Bild zu schwächen.[2]

Wir haben viel von diesen Brook'schen Erfahrungen gelernt. Unsere Theater werden zur Architektur mit den Menschen, die sie besuchen. Unsere Theater sind ohne die Menschen zunächst stille, ruhige Definitionen und Setzungen des urbanen Ortes – Skulpturen im städtischen Kontext. Mit den Menschen werden unsere Theater zu neuen Erfahrungsräumen und Orten des Experiments, der Überraschung, der Verwandlung, der Transformation, der Erneuerung.

Unsere Theater wirken nach innen, die Konzentration und die Energie der Zuschauer soll für das Geschehen auf der Bühne verdichtet, gebündelt werden. Dafür haben wir im Laufe der Zeit Erfahrungen gewinnen können und Mittel erfunden, die dies architektonisch ermöglichen.

Sie wirken nach außen, in den Stadtraum, ohne aufgeregt zu sein. Sie ermöglichen die Befreiung des Zuschauers vor und nach den Stücken in den aktiv erlebten, komplexen Bewegungsräumen der Foyers, sie strahlen hinaus in die Stadt und werden damit selber ein Stück Theater.

Das neue „Theater der Einfachheit" ist möglicherweise unbewusst einer Erfahrung von Architektur und Stadt geschuldet, die persönlicher nicht

Jörg Friedrich

THEATER OF SIMPLICITY

Il Frantoio, Capalbio (Italien)
Frantoio in Capalbio (Italy)

For many years now, we have been working on the design of space for theaters and its conversion to architecture. What actually is suitable space for the theater?

It is space for people, for their emotions, their enjoyment of self-portrayal, for their dreams and their desires, their various needs, which they would like to live through in a common experience with others within an urban theater culture, without constraints, fear, or pressure.

A good theater auditorium unites these very different individuals in the form of an "audience." It is the production of the stage play, naturally, that fascinates the spectators; he/she is part of the production and simultaneously a booster for the actors. "Theater does not take place until a temporary group of individual observers actively participate in what another group of individuals is acting out on stage before their eyes. Through the indispensable presence of the spectator, his acceptance or rejection, the audience enables the actors and also the director to experience their work in a different light. The audience thus helps the actors to exceed their very own limits."[1] For this confrontation, both are in need of architectural space, in which density, closeness, simplicity, complexity, and atmosphere can bring forth completely different theatrical expressions, support and inspire them.

It is the simple room that can achieve this. All of our theater rooms are "simple rooms" in the best sense of the word, architectural space that accepts people in their varying social formats, emotions, and character, strengthening them, forming together an exceptional union without robbing them of their individuality. The architectonic room allows them to experience a new sense of self-awareness in their common experience through the theater—possibly, or the play was poor. "Theater is Life" states Peter Brook. Then he asks why in the portrayal of the architecture of modern theaters in books on architecture in their glossy editions no people are to be seen. The buildings are deserted. Perhaps they cannot

endure people because people detract from the architecture. Can you imagine a pregnant woman with a donkey walking through a finely designed doorway being immortalized in architectural photography? Naturally not; that would distort the scale, the proportions of the doorway, say the architects. No, say the researchers, the figures would detract from the abstract "beauty" of the architecture. The living pregnant figure and the donkey would definitely have more appeal for the viewer than any architecture. Architects would, therefore, rather do without people in order not to weaken in the picture the impression of the architecture.[2]

From Brook's experiences we have learned a lot. Our theaters become architecture with the people that attend them. Our theaters without people are initially still, immobile descriptions and premises of an urban location—sculptures in a city context. With people, our theaters become new spaces for experiences and venues for experiments, for astonishment, for transformation, for revival.

Our theaters have an inward effect; the concentration of the spectators must be directed toward and focused on the action on stage. We have gathered experience over time in this respect and have found the means to achieve this with architecture.

Their outward effect is without embellishment. Within they create freedom for the spectator before and after the performances by providing complex facilities for movement and active involvement in the foyer. Outwardly, they radiate toward the city, thus becoming themselves a theatrical performance.

The new "theater of simplicity" is possibly the subconscious result of a very personal experience I had with architecture and the city. In my studio in a little village in the Maremma in Italy, Capalbio, I observed for decades how the simplest medieval and century-old architecture characterizes the urban structural and spatial, tangible identity of a little city even today. In the winter, the location is empty and void of people—a

sein kann. Ich habe in meinem Atelier in einem kleinen Ort in der Maremma in Italien, in Capalbio, jahrzehntelang beobachten können, wie einfachste mittelalterliche, Jahrhunderte alte Architekturen zunächst einmal die städtebauliche und räumliche, haptische Identität einer kleinen Stadt bis heute prägen können. Im Winter ist der Ort leer und menschenverlassen, ein gemeißelter steinerner Skulpturenraum: abstraktes und beeindruckendes Zeichen großer Geschichte, vergangener Kunst und gegenwärtiger Verlassenheit. Im Sommer erwacht Capalbio zu neuem Leben. Jede Architektur wird theatralischer Ort und Hintergrund für Aufführungen und neue Inszenierungen aller Art. Die Menschen, das Publikum, lassen überhaupt erst das richtige Maß von Stadt und Architektur, ihre Größe, erleben und spüren.

Also ganz anders als auf dem vorher beschriebenen, vom Menschen befreiten Architekturbild: Erst die Schwangere, der Arbeiter, der Esel vor der alten Ölmühle, vor dem „Frantoio" (siehe Abb.) oder auf dem kleinen Stadtplatz verleihen der einfachen, dennoch selbstbewussten Architektur ihre unvergleichliche Einzigartigkeit.

Es kommt in der Wechselwirkung von Publikum und Architektur zu einer neuen szenografischen Erfahrung von Architektur und Stadt als Hintergrundschicht für das Theater, das von Menschen gemacht wird. Die Kunst kann sich diese Wirkung zu eigen machen und überhöhen.

So sehen wir unsere Theaterbauten und das „Theater der Einfachheit": Es braucht die Menschen, um zur Architektur zu werden. Es bildet Hintergrund und Raum für eine auch in der Zukunft sich selbst ständig neu definierende städtische Gesellschaft.

Unsere Arbeiten sind behutsame Experimente und Forschungen an der Stadt der Zukunft und ihrer Kultur am Beispiel des Theaters.

Anmerkungen
1   Ortolani, Olivier (Hg.): *Peter Brook. Das Theater als Reise zum Menschen.* Berlin 2005, S. 31
2   Ebd. S. 198

sculptured space chiseled in stone, an abstract and impressive symbol of great history, artwork of the past and desolation of the present. In the summer, Capalbio awakes to new life. Each piece of architecture becomes a theatrical venue and background for performances and novel productions of all kinds. The people, the audience are the ones who actually enable one to experience and to sense the real dimensions of city and architecture and its significance.

Thus, quite to the contrary of the above remarks made on the absence of people in a picture of architecture, it is the "pregnant woman," the "laborer," the "donkey" in front of the oil mill, in front of "Frantoio" (see photograph) or in the little city square who bestows incomparable uniqueness upon the simplest yet proud architecture.

In the interaction between the people and the architecture a new scenographic experience is had of architecture with the city as a backdrop setting for the man-made "theater." Art can incorporate this effect and enhance it.

This is how we view our theater buildings and the theater of simplicity: they need people in order to become architecture. They constitute the backdrop and the space for an urban population ever redefining itself, even in the future.

Our work is a cautious experiment and research on the city of the future and its culture, represented by the theater.

Notes
1   Ortolani, Olivier (ed.): *Peter Brook. Das Theater als Reise zum Menschen.* Berlin 2005, p. 31
2   Ibid., p. 198

Theater Gütersloh
Studiobühne

studio stage

Dirk Baecker

WER IST „WIR": THEATER IN DER INTERKULTURELLEN GESELLSCHAFT

Theater Gütersloh
Großer Saal
Auditorium

Wer ist „WIR"? So kann man nur fragen, wenn man sich der Antwort auf diese Frage einmal gewiss war beziehungsweise Leute kennt, die sich ihrer Antwort auf diese Frage gewiss sind. Im Theater kannte und kennt man das Wir der Leute, die zusammen Theater machen, das Wir der Darsteller und des Publikums, die mindestens einen gewissen Spaß am Theater teilen, das Wir einer ersten, vor allem städtischen Öffentlichkeit, für die das Theater Kunst und Kultur zu verknüpfen versucht, und das Wir einer zweiten, dann nationalen Öffentlichkeit, für die das Theater sich der Pflege, Überprüfung und Weiterentwicklung der Sprache und Kultur eines ganzen Landes widmet. Keines dieser Wirs ist unproblematisch. Im Theater streitet man um das Programm, die Besetzung der Rollen, den Stil der Inszenierung, die Balance von künstlerischem Experiment und Publikumserfolg, die Verteilung der knappen Gelder auf Technik, Gagen und Projekte. Zwischen Darstellern und Publikum ist bei allem Spaß und bei aller Bewunderung immer umstritten, welche Akzente eine Inszenierung setzt, wo sie untertreibt und übertreibt, wann sie bloß unterhält oder wann sie auch berührt und provoziert. Die Stadt ist immer stolz auf ihr Theater und unzufrieden mit ihrem Theater, je nachdem, wie erfolgreich die Theater anderer Städte sind und je nachdem, wie sehr man im Theater genau den Genuss und genau die Provokation findet, die man dort sucht. Und die Nation ist die problematische Referenz schlechthin. Seit das Weimarer Theater Goethes und Schillers eine deutsche Nationalsprache hervorbrachte, liegen die nationale, immer schon kodifizierende, mit sich zufriedene, ihre Floskeln pflegende, und die theatrale, unruhige, unfertige, offene und suchende Sprache miteinander im Konflikt. Jedes Wir enthält Momente einer Arbeit, die die verschiedenen Elemente dieses Wirs, während sie ihren Zusammenhang suchen, miteinander konfrontiert. Dem Wir, jedem Wir, liegt unaufhebbar eine Differenz zugrunde, weil sie es ist, von der man ausgehen muss, um eine Identität, wenn es

sie denn gibt, zu finden. Und was ist das für eine Identität? Es ist die Identität derer, die in spezifischen Situationen, in Situationen der Arbeit an einer Inszenierung, der Arbeit an einer Aufführung, der Präsentation der Rolle des Theaters in einer Stadt und der Arbeit an einer Rolle des Theaters in einer Nation, aufeinander angewiesen sind, um miteinander etwas auf die Beine zu stellen, was sie alleine nicht schaffen. Das Wir ist unruhig. Und es muss unruhig sein, weil andernfalls den einzelnen Individuen, Gruppen und Leuten, die sich in diesem Wir für einen Moment zusammenfinden, nicht ihre Identität garantiert werden kann, die sie zugunsten des Wir für diesen Moment aufgeben wollen, um sie sich bestätigen zu können.
Die Konstitution eines Wir, von dem mit Blick auf das Theater die Rede sein kann, vollzieht sich im deutschen Kontext und ähnlich im europäischen Kontext in drei Stadien. Das erste Stadium, für das etwa die Namen Giambattista Vico oder Johann Gottfried Herder stehen, ist das Stadium der Entdeckung einer Kultur, die aus dem Vergleich der Nationen untereinander gewonnen wird. Das 17. und 18. Jahrhundert kommen dank massenhaft verfügbarer Literatur nicht mehr umhin, sowohl die Verschiedenheit der Kulturen zur Kenntnis zu nehmen, in denen die Menschen zu verschiedenen Zeiten und in verschiedenen Regionen der Welt jeweils die Formen finden, in denen sie ihr Leben führen und gestalten, als auch die Einheit des Menschen zu denken, die sich über diese Verschiedenheit der Kulturen hinweg realisiert.
Heute entwickelt man entweder ein intellektuelles und kosmopolitisches Vergnügen am Vergleich, das man sich allerdings auch leisten können muss, oder man reagiert überfordert und sucht nach der Identität, auf die trotz allem dann noch Verlass sein soll. Das ist das zweite Stadium der Entwicklung eines modernen Kulturverständnisses. Der Vergleich wird national gebunden, die eigene Identität in dem Moment, in dem man ihrer ungewiss wird, festgeschrieben.

Dirk Baecker

WHO IS "WE": THEATER IN AN INTERCULTURAL SOCIETY

Who is "WE"? This question can only be posed if one was once certain of the answer to this question, or one is familiar with people who are certain of their answer to this question. In the theater, there was and is the We of those people producing theater together, the We of the performers and the audience who share at least a certain enjoyment of theater, the We of a first, usually general urban public in which the theater attempts to combine art and culture, and the We of a second, then national public, for whom the theater devotes itself to the cultivation, scrutiny, and further development of the language and culture of a whole country. None of these We's are unproblematic. In the theater, there are disputes over the program, over the casting of the roles, the style of the production, the balance between artistic experimentation and the acclaim of the audience, the distribution of tight money among technical installations, fees, and projects. Aside from all enjoyment and admiration, it has always been controversial between the actors and the audience as to what accents performances place, where there is understatement and where exaggeration, where the production is entertaining only and where it is moving and provocative. The city is always proud of its theater and dissatisfied with its theater, depending upon how successful the theaters in other cities are and also upon the extent to which one finds in the theater exactly the enjoyment and exactly the provocation one seeks. The nation is the problematic reference per se. Since the Weimar theater of Goethe and Schiller brought forth a German national language, this national, forever codifying, complacent, phrase-loving language and its theatrical, uneasy, unfinished, open, and searching counterpart lie in conflict. Every We includes moments of a work process, which confronts the varying elements of this We with each other in their search for coherence. There is an irrevocable element of difference in each We, in every We, as difference is the basis on which one establishes an identity, if there is such a thing. And what kind of identity is that? It is the identity of those who are dependent upon each other in a specific situation, when working on a production, working on a performance, on the presentation of the role of the theater in the city, or working on the role of theater within the nation, working together in order to accomplish what they could not individually achieve on their own. This We is restless, and it must be restless because otherwise the single individuals, groups, and persons assembled for a moment of time could not be guaranteed their identity, an identity they have sacrificed for this particular moment for the purpose of recognition.

The constitution of a We, when speaking in terms of the theater, develops—in a German context, and similarly in a European context—in three stages. The first stage, for which the names Giambatttista Vico or Johann Gottfried Herder stand, for instance, is the stage of discovery of a culture gained by comparing nations with one another. The seventeenth and eighteenth centuries could not help but recognize, on the basis of the masses of literature available, not only the variety of cultures in which humans find and live their own forms of life at different times and in different locations, but also the fact that the human being is an individual over and above the various forms of culture.

In comparing cultures today, either an intellectual and cosmopolitan pleasure is developed, which pleasure one must be in a position to develop, or the reaction is one of overtaxation, seeking the one reliable identity in spite of all the rest. This is the second stage of development in the modern concept of culture. The comparison becomes bound to one particular nation, and one's identity is established at a problematic moment.

This second phase of development in the concept of culture usually ends in chaos. Cultural sciences emerge which, with Wilhelm Dilthey, Oswald Spengler and Ernst Cassirer, make an attempt to categorize Kant's a priori of reason and Hegel's dialectic of the intellect historically

Schauspielhaus Nürnberg
Foyer foyer

Diese zweite Phase der Entwicklung des Kulturverständnisses endet eher chaotisch. Es entstehen die Kulturwissenschaften, die mit Wilhelm Dilthey, Oswald Spengler und Ernst Cassirer den Versuch machen, Kants Apriori jeder Vernunft und Hegels Dialektik des Geistes historisch und empirisch in Systemen und Formen der Kultur wiederzufinden. Es kommt zu einer fatalen und explosiven Annäherung der Begriffe Kultur und Rasse, um die verlorene Identität der Völker endlich dingfest zu machen. Und es kommt nach dem Zweiten Weltkrieg zu Zähmungsversuchen rund um den Begriff der Leitkultur, der einerseits die einst losgetretenen völkischen Energien einfangen und relativieren soll, andererseits eine letzte Bastion der Verteidigung der Hochkultur vor der Massenkultur ist und drittens doch so etwas wie einen demokratischen und vielleicht auch kommerziellen Prozess einer eher zivilen Auseinandersetzung um mögliche Formen eines kulturellen Selbstverständnisses anregen und anleiten soll. Zusätzliche Verwirrung produziert Max Horkheimers und Theodor W. Adornos Begriff der Kulturindustrie, der vor allem kulturkritisch gemeint ist und für viele Jahrzehnte den Hochmut der Intellektuellen im Umgang mit den kulturellen Interessen der Bevölkerung festschreibt.

Im Moment stecken wir mitten in einer dritten Phase, die im Wesentlichen durch die Ökologisierung, Globalisierung und Digitalisierung unserer Weltanschauungen geprägt ist und so etwas wie eine Weltkultur zu prägen beginnt.

Die Ökologie hat die Selbstüberschätzung des Menschen korrigiert, der sich als Herrn seines Schicksals konzipierte und nun entdecken muss, dass er nicht der einzige Akteur auf Erden ist. Mit der Globalisierung hängen nicht nur eine weitere Phase der Relativierung aller Werte zusammen, mit der nach wie vor Buchdruckgesellschaften wie die des „Westens" leichter zurande kommen als Schriftgesellschaften wie die des „Islam", sondern auch eine Aufwertung des Populären, die Suche nach „interkulturellen" Kompetenzen und eine Neuformatierung der Figur des Fremden. „Globalisierung" heißt zunächst einmal ganz schlicht, dass bei allen Überlegungen, auf welche Kommunikation man sich politisch oder wirtschaftlich, künstlerisch oder wissenschaftlich, sportlich oder intim einlässt, ein „Welthorizont", wie Niklas Luhmann dies genannt hat, eine Rolle spielt, der bestimmt, welche Möglichkeiten überhaupt in Frage kommen. Die Grenze des eigenen Möglichkeitenraums ist nicht mehr der Clan, die Stadt oder die Nation, sondern die Welt.

Die Suche nach interkulturellen Kompetenzen hat mindestens zwei starke Motive, nämlich zum einen das Interesse von international operierenden Unternehmen, Behörden, Vereinen und Kampagnen, Kooperationsstile unter Mitarbeitern unterschiedlicher Herkunftskulturen zu stimulieren, und zum anderen das Interesse von Städten, Regionen und Ländern, einen Umgang mit dem Phänomen der Migration und hier insbesondere der Immigration zu finden.

Langsam aber sicher entdeckt man auch hier, dass es zwar hilfreich ist, von kulturellen Identitäten zu sprechen, um den jeweiligen Herkunftskulturen den erforderlichen Respekt zu erweisen und so überhaupt Beweglichkeit im Umgang mit anderen Kulturen zu schaffen, es zugleich jedoch erforderlich ist, die Idee einer emergenten kulturellen Ebene zu verfolgen, die man dann im ersten Bereich Organisationskultur und im zweiten Bereich Interkultur nennen kann.

and empirically in systems and forms of culture. A fatal and explosive convergence of the concepts of culture and race takes place, attempting to finally capture the lost identity of the nations. Following World War II, attempts were made to water down the concept of a "leading culture." On the one hand, this concept tamed and placed in relative terms the released energies of the people and on the other, however, it was a last bulwark in defense of an advanced civilization versus the culture of the masses. Thirdly, this was to initiate and guide the democratic and perhaps even commercial process of a more civil debate on possible forms of cultural self-regard. More confusion arose with Max Horkheimer and Theodor W. Adorno's concept of a cultural industry, which was intended as cultural criticism and for many decades fortified the arrogance of intellectuals in their comportment with the cultural interests of the people.

We are presently in the middle of a third phase, which is essentially influenced by the ecological, global, and digital world views of today and is beginning to mold what could be designated as a universal culture. Ecology has rectified the overestimation of the human race thinking they were the masters of their fate and now discovering that they are not the only actors on the face of the earth. Not only is globalization connected with a further relativization of all values, with which fact the "West" with its literate society can still more easily cope than the Islamic society with its reliance upon Scripture. Globalization also entails an enhancement of the status of that which is popular, a search for "intercultural" competence and a reconfiguration of the concept of foreign. "Globalization" means very simply that in all considerations, all communication, be it

political, economic, cultural or scientific, athletic or intimate, a "world horizon," as Niklas Luhmann called it, plays a role in determining the available possibilities. The boundaries of one's own scope of action are no longer the clan, the city or the nation, but the world. The search for intercultural competency is based on at least two strong motives, namely first the interest of internationally operating firms, civil authorities, associations and campaigns in stimulating forms of cooperation among colleagues of various descent and, secondly the interest of cities, regions and countries in finding a method of dealing with the phenomenon of migration and, in particular, immigration.

Slowly but surely, the fact is being recognized that it is helpful, on the one hand, to speak of cultural identity in order to pay the necessary respect to the individual cultures of origin, thus making progress in dealing with other cultures, but that on the other hand, it is necessary to pursue the idea of an emerging cultural level, which can be called an organizational culture in the first instance and in the second instance an interculture.

And, finally, digitalization is decisive in this third phase of development of our cultural understanding. This means, for the one thing, that the more mechanical conception of the world has been replaced by a more electronic conception; we no longer work with power, levers, and cogwheels, but with switches, resistors, and short-circuits. And, for the other, it means that the emergence of the computer and its networks as a kind of "invisible machine" (Niklas Luhmann) is about to rob us humans not only of the privilege of intelligence but also of the privilege of communication.

Theater Erfurt
„König Arthus", 2011 "King Arthur," 2011

Und schließlich ist für diese dritte Phase der Entwicklung unseres Kulturverständnisses die Digitalisierung maßgebend. Damit ist zum einen die Ablösung eines eher mechanischen Weltverständnisses durch ein eher elektronisches Weltverständnis gemeint. Wir rechnen nicht mehr mit Kräften, Hebeln und Zahnrädern, sondern mit Schaltungen, Widerständen und Kurzschlüssen. Und damit ist zum anderen das Auftauchen des Computers und seiner Netzwerke als eine Art „unsichtbare Maschine" (Niklas Luhmann) gemeint, die sich anschickt, uns Menschen nicht nur des Privilegs der Intelligenz, sondern auch des Privilegs der Kommunikation zu berauben.

Was heißt all das für das Theater? Wer ist jetzt noch Wir? Oskar Negt und Alexander Kluge haben vor vielen Jahren den Begriff der Produktionsöffentlichkeit geprägt (*Öffentlichkeit und Erfahrung*, Frankfurt am Main 1972), um die Illusion zu verabschieden, dass es eine bürgerliche Öffentlichkeit gibt, die auf vernünftige Weise den Weltzustand reflektiert und für das Theater eine Art Gegenspieler war, der laufend gereizt, aber auch laufend bedient werden musste, um an jeder nationalen Kultur arbeiten zu können, auf die sich diese Öffentlichkeit bezog. Stattdessen haben wir es mit Produktionsöffentlichkeiten zu tun, die nichts anderes repräsentieren als einen ganz bestimmten Produktionszusammenhang, der sich in dieser Öffentlichkeit der Tauglichkeit und damit Verallgemeinerbarkeit seiner Erfahrung vergewissert. Die normative Komponente, die in diesem Begriff noch steckt, würde man heute in zwei Momente dekonstruieren, die dann jedoch sehr gut benennen können, womit das Theater es in der „interkulturellen" Gesellschaft zu tun hat und woran es arbeitet. An die Stelle des Allgemeinen, das das Besondere legitimiert, tritt in

unserem ökologischen Zeitalter die Idee der Nische, von der man nicht weiß, wie lang man sich in ihr aufhalten kann. Und das andere Moment der Dekonstruktion ist, dass die Öffentlichkeit nicht mehr die der räsonierenden Bürger und Arbeiter ist, die sich hier ihrer Ansprüche auf die Selbstverwaltung der Polis vergewissern, sondern ein Publikum, das sich jederzeit auflösen und zerstreuen beziehungsweise dem Interesse an einer anderen Darstellung widmen kann.

Diese Dreieinheit von Profil, Nische und Publikum im Rahmen einer in diesem Sinne verstandenen Produktionsöffentlichkeit bedeutet für das Theater, dass es immer noch ein wenig Ort des Kulturvergleichs ist wie im 18. Jahrhundert (Goldoni, Molière, Lessing) und auch immer noch Ort der Arbeit an einer Nationalkultur wie im 19. Jahrhundert (Goethe, Schiller, Hauptmann), aber sich doch zunehmend auf eine Weltkultur des Populären, Globalen und Digitalen kapriziert, als deren Herolde man vermutlich Bertolt Brecht (für das Populäre), Robert Wilson (für das Globale) und vielleicht die Wooster Group New York oder auch William Forsythe (für das Digitale) nennen kann.

Was kennzeichnet diese Orientierung an der Weltkultur? Sicherlich ist das Welttheater, dessen Entstehung wir aktuell beobachten, durch ein Interesse am Fremden und am Migranten in allen seinen eben nicht nur ethnischen Formen geprägt. Und sicherlich geht es auch um die Suche nach einer neuen Balance zwischen der Orientierung an der Stadt einerseits – dieser immer noch unzureichend gewürdigten, geradezu revolutionären Errungenschaft einer interkulturellen Zivilisation – an verschiedenen Subkulturen, etwa der Bürger, aber auch der Jugendlichen oder der Migranten und ihren spezifischen künstlerischen Interessen

Theater Gütersloh
Jugendtheater, 2011 young theatre, 2011

What does all this mean for the theater? Who now is We? Oskar Negt and Alexander Kluge coined the concept of a production's audience (*Öffentlichkeit und Erfahrung*, The General Public and Experience, Frankfurt am Main 1972) in order to discharge the illusion that there exists a middle-class audience reflecting in a logical manner on the status of the world, representing a type of counterpart for the theater, continually stimulated and constantly requiring the chance to participate in every national culture represented by that general public. Instead, we have what we call a production's audience, having nothing other than a particular correlation with the production, ensuring for this audience the validity of its own experience and thus the possibility of generalization. The normative components yet incorporated in this concept could be negated today in two instances, which then very well designate the role of the theater in an "intercultural" society and its objectives.

In our ecological era the idea of a niche—not knowing how long it will be valid—replaces any generalization justifying the particulars. And the second instance of negation is the fact that the audience no longer consists of the reasonable citizen and laborer confirming here their claim to be a self-governing political body, but of spectators who at any moment are disbanded and dispersed, devoting their interests to another form of presentation.

This triangle of profile, niche, and general public within the framework of a production's audience, understood in this respect, indicates for the theater that it is still partially a venue for cultural comparison, as it was in the eighteenth century (Goldoni, Molière, Lessing), and still is the venue of efforts toward a national culture as in the nineteenth century (Goethe,

Schiller, Hauptmann), but yet increasingly gearing toward a universal culture of the popular, the global, and digital world. As their harbingers one can presumably name Bertolt Brecht (for the popular), Robert Wilson (for the global), and perhaps the Wooster Group New York or also William Forsythe (for the digital). What denotes this orientation toward a universal culture? Certainly this universal theater, whose emergence we can currently observe, is marked by an interest in the foreigner and the migrant in all of his/her forms, not only of ethnic character. And it certainly concerns the search for a fresh balance between orientation toward the city on the one hand, this still insufficiently appreciated, yet quite revolutionary achievement of an intercultural civilization, and, on the other hand, toward its various subcultures, i.e., its citizens but also its youths or migrants and their specific artistic interests. Thirdly, this universal theater is oriented toward the global art tourist interested only in where in the world which outstanding productions with which outstanding actors can be seen currently performing on the basis of outstanding interpretations.

The theater is searching for ways and means to present on stage and to keep at bay this universal expansion which is cause for both concern and enticement today. It is researching ecology of the body, of consciousness and of society, all of which are really identifiable only in moments of precariousness, of risk, of threat, and of foreignness—but simultaneously identifiable in resourceful, agile, and comic moments. Evidence of the modern and its faith in the possibilities of reason as well as in the inevitability of catastrophes is being replaced by more exact forms of awareness of the many ways and means in which voices and

andererseits und drittens eines globalen Kunsttourismus, der sich nur noch fragt, welche herausragenden Inszenierungen mit welchen herausragenden Schauspielern auf der Basis von herausragenden Interpretationen wo weltweit gerade aktuell zu sehen sind.

Das Theater sucht nach Mittel und Wegen, den Welthorizont, um den es heute ebenso beunruhigend wie verlockend geht, auf der Bühne präsent zu machen und auf Abstand zu halten. Es erforscht eine Ökologie der Körper, des Bewusstseins und der Gesellschaft, die allesamt nur im Moment des Prekären, des Riskanten, des Bedrohten und des Fremden, aber gleichzeitig eben auch im Moment des Findigen, Wendigen und Witzigen wirklich zu kennzeichnen sind. Die Evidenzen der Moderne und ihres Glaubens an die Möglichkeit der Vernunft wie die Unvermeidbarkeit der Katastrophe werden ersetzt durch genauere Formen der Aufmerksamkeit auf die vielen Arten und Weisen, wie Stimmen und Gesten, Dinge und Licht, Bewegung und Leere sich bemerkbar machen, ohne je in der cartesianischen Differenz von zweifelndem Bewusstsein einerseits und materieller Körperlichkeit andererseits aufzugehen. „Making things public", war Bruno Latours und Peter Weibels präzise Formulierung für diese Aufgabe, der sich auch das Theater – und zwar mit seinen Mitteln – stellen muss, angeregt durch andere Sozialformate wie die Familie, das Paar, das Gericht, das Parlament, die Kirche, die Redaktion, das Seminar, das Meeting oder die Party und in ständiger und sichtbarer Auseinandersetzung mit dem Film, dem Tanz, der Performance, dem Fernsehen, dem Gedicht, dem Roman und der wissenschaftlichen Recherche.

Wenn sich der Begriff der Produktionsöffentlichkeit, den wir hier noch einmal aufzugreifen vorschlagen, bewährt, dann als ein Begriff, der vor allem netzwerktheoretisch zu denken wäre, also mit den Mitteln der Theorie sowohl Bruno Latours als auch Harrison C. Whites. Die Öffentlichkeit wird zum Publikum, das sich anschaut, welche Wirklichkeiten an welchem Ort und mit welchen Mitteln, Einschränkungen und Perspektiven produziert werden. Und sie wird zum Publikum, dessen produktivste Eigenschaft darin besteht, dass es weglaufen kann. Denn das bedeutet, dass es nur gehalten werden kann, wenn das Theater attraktiv ist. Attraktiv ist das Theater jedoch nur, wenn es den Vergleich mit anderen Orten der Produktion von Wirklichkeiten nicht scheut, sondern sucht, und seine ureigenen Mittel des Umgangs mit Körper, Stimme, Licht und Bewegung dazu nutzt, diese anderen Orte auf ihre Darstellung hin zu untersuchen.

Dann kann man sagen, dass das Theater auch in der nächsten, der Computergesellschaft, seiner gesellschaftlichen Funktion gerecht wird, Darstellungen aller Art zu reflektieren, auf ihre Medien hin zu beobachten und so sowohl in ihrer Machart vorzuführen (zu „verfremden") und in ihrer Fatalität zu brechen (zu „kritisieren") als auch in ihrem Raffinement zu steigern (zu „kultivieren"). Das Theater ist keine Schule der Nation, es ist eine Schule der Weltgesellschaft, in der es selbst Schüler, Lehrer, Pausenhof, Lehrerkonferenz und Schulaufsicht zugleich ist. Das fordert seine künstlerischen Mittel heraus, aber nichts spricht gegen die Vermutung, dass es dieser Herausforderung mehr als gewachsen ist.

(Gekürzte Fassung eines Vortrages, gehalten anlässlich der Jahreskonferenz der Dramaturgischen Gesellschaft 2011 am Theater Freiburg am 26. Januar 2011)

Theater Gütersloh
„Kabale und Liebe", 2010
(Gastspiel Deutsches
Schauspielhaus Hamburg)
"Intrigue and Love," 2010
(guest performance by the
Deutsches Schauspielhaus
Hamburg)

gestures, objects and light, movement and emptiness attract attention without ever assimilating the Cartesian differentiation between doubting consciousness on the one hand and material physicality on the other. "Making things public" was Bruno Latour's and Peter Weibel's precise formulation of this responsibility that the theater must also assume but by its own means, prompted by other sociological formats, such as the family, the couple, the court, the parliament, the church, the editorial office, the seminar, the convention, or the party, and constantly and visibly faced with the film, dance, performances, television, poetry, the novel, and scientific research.

Should the concept of a production's audience, to which we would again like to refer, prove its worth, then as a concept to be understood primarily as a network theory, in the sense of Bruno Latour's as well as of Harrison C. White's theory. The general public constitutes the audience checking to see what realities at which venue and with what means limitations and perspectives are being presented. And this will be the audience whose most productive characteristic is the fact that it can get up and leave. This then means that the audience can only be retained if the performance is attractive. The theater, however, is only attractive if it is not afraid of a comparison with other venues producing realities but seeks them and employs its very own means of using the body, voice, light, and movement to scrutinize the others as regards their presentations.

In this case, one can state that the theater will do justice to its function in society in the next, the computer society, as well, reflecting on performances of all kinds, observing the appropriate media and presenting not only in one's own style ("estrangement") but overcoming the fatality of the play ("criticism") and also enhancing its refinement ("cultivation"). Theater is not a school of the nation but a school of the universal society in which it is its own pupil, teacher, schoolyard, teachers' conference, and supervisor simultaneously. This will be a challenge for its artistic capabilities, yet there is no indication that this challenge will not be more than met.

(Abbreviated version of a lecture given in the Freiburg Theater on January 26, 2011 on the occasion of the 2011 Annual Conference of the Playwright Society)

Theater Gütersloh
Men at Work

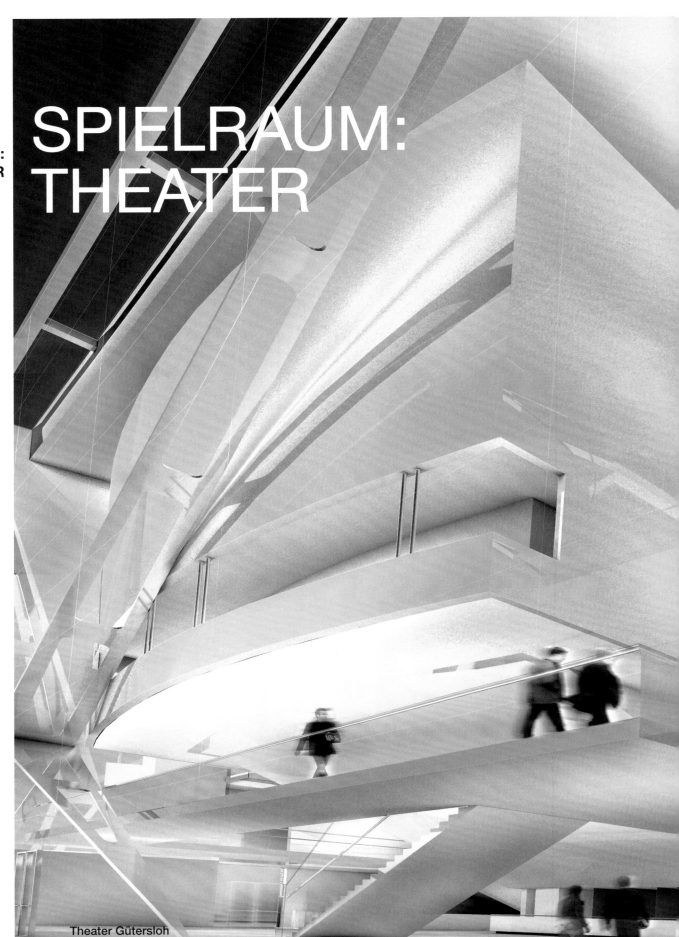

SPIELRAUM:
THEATER

Theater Gütersloh

Ivana Paonessa

DAS DEMOKRATIE-SPIEL: SO EIN THEATER!

Gütersloh

„Architektur ist ein politischer Akt" sagt der amerikanische Architekt Lebbeus Woods.[1]

Das Verhältnis von Architektur, Politik und Gesellschaft beschäftigt seit langem die Vertreter verschiedenster wissenschaftlicher Disziplinen. Die Untersuchungen der Soziologin Martina Löw zu diesem Verhältnis im Bereich städtebaulicher Strukturen helfen, die Entwicklung von Theaterstandorten wie Erfurt oder Gütersloh zu verstehen. Öffentliches Bauen ist neben der Erfüllung von Zweck und Funktion immer ein Repräsentieren des eigenen – staatlichen oder städtischen – Selbstverständnisses über die Architektur. „Demokratie als Bauherr" grenzt sich in dem berühmten Vortrag von Adolf Arndt ab von dem Verstecken der Politik hinter geschlossenen Lochfassaden historischer Architekturepochen bis hin zur monumentalen Steinarchitektur des Nationalsozialismus. „Sollte es nicht einen Zusammenhang geben zwischen dem Öffentlichkeitsprinzip der Demokratie und einer äußeren wie inneren Durchsichtigkeit und Zugänglichkeit ihrer öffentlichen Bauwerke?"[2]

Woods Vertrauen in die kulturelle Ausdrucksfähigkeit der Architektur in Demokratien ist groß: „Es hat sich geradezu ein Vorurteil festgefressen, dass Demokratie etwas Anonymes, ja geradezu Amusisches sei, unfähig, sich im öffentlichen Bauen darzustellen und im Bauen ihr Ethos sichtbar zu machen."[3]

Dennoch ist in der Selbstdarstellung der Demokratie in Deutschland über Architektur bis heute oft das Gegenteil festzustellen. Dies ist zur Genüge analysiert und beschrieben worden. Wolfgang Pehnt findet die „Mischung von praktischem Müssen und politischem Nicht-Dürfen" treffend für die oft banale „demokratische" und „amusische" Bonner Parlamentsarchitektur vor der Wende.[4]

Wie sieht es nun aber aus mit der Selbstdarstellung über Architektur in einer anderen europäischen Repräsentationsform von Demokratie, nicht im Staat, sondern in der Stadt?

Historisch drücken sich Städte im Sinne eines politischen Gemeinwesens zunächst in Entwicklung und Pflege ihrer zusammenhängenden kommunikativen, räumlichen Strukturen und Vernetzungen aus. Das Gemeinwesen Stadt repräsentiert sich politisch sichtbar im gemeinsam erfahrbaren und zelebrierten Stadtraum, im städtischen Gefüge, im Kontext.

Die Repräsentation städtisch demokratischer Kultur über Einzelbauten wird innerhalb eines gemeinsam erlebbaren städtebaulichen Kontextes weniger bedeutsam als eine abstrakte staatliche Selbstdarstellung von Bauten in einer Demokratie. Die Stadt kann bereits in ihrer Grundrissstruktur direkt als Ausdruck einer Gesinnung, als individuelle Repräsentation ihrer Bewohner verstehbar gelesen werden. Besser jedenfalls als die oft abstrakte architektonische Repräsentation staatlicher Grundwerte. Der städtische Repräsentationsbau hört nicht an der Gebäudekante auf, sondern wird immer als Teil des öffentlichen Raumes einer Stadtdemokratie gesehen.

Ein Gang durch die Altstadt von Regensburg mit ihren feinen Straßennetzen und sich öffnenden öffentlichen Plätzen und Blickbezügen nach außen oder durch das mittelalterliche Siena erzählt uns viel von der öffentlichen Verantwortung der Communitas zur Stadtbaukunst als Kunst des öffentlichen Raumes. Öffentliche und private Gebäude sind entlastet durch den übergeordneten Zusammenhang, der städtebaulich bereits im Stadtgrundriss den Geist der Stadt und ihrer Bürger repräsentiert. Die Ausformung demokratischer städtischer Repräsentationsbauten könnte damit wesentlich entspannter stattfinden als die ideologisch stark belastete Diskussion um Abbildungsformen von abstrakten staatlichen Demokratien über zeitgenössische Architektur. Die Selbstdarstellung einer Stadt etwa in Gestalt der Rathausarchitektur in Siena zeigt die künstlerische Freiheit zu der Gestaltqualität, nach oben sind die Maßstäbe offen. Warum sind heutzutage unsere

Ivana Paonessa

THE GAME OF DEMOCRACY: WHAT AN ACT!

"Architecture is a political act," as the American architect, Lebbeus Woods, is cited.[1]

How architecture, politics, and society relate to one another has long occupied representatives of various scientific disciplines. Research on this topic in the area of urban structure planning, by the sociologist Martina Löw, helps to understand the development of theater venues such as Erfurt or Gütersloh. Aside from fulfilling a purpose and function, public building is always the representation of individual self-esteem via architecture, be it national or urban. In his famous lecture, Adolf Arndt differentiates between "Democracy as the client" and the veiling of politics behind closed embellished building fronts of historic periods of architecture, including the monumental stone architecture of National Socialism. "Should there not be a correlation between the principle of public representation in a democracy and the external and internal transparency and accessibility of public buildings?"[2]

Woods' faith in the cultural expressiveness of architecture in democracies is strong. "A virtual prejudice has been implanted that democracy is something anonymous, even something non-inspiring, incapable of depicting itself in public buildings or of envisioning its ethics in architecture."[3] Nonetheless, in the self-portrayal of democracy via architecture in Germany until now, the opposite can often be ascertained. This has been analyzed and described often enough. Wolfgang Pehnt appropriately finds the trite "democratic" and "non-inspiring" parliamentary architecture in Bonn prior to the turning point in 1990 to be a "mixture of practical must-dos and political may-nots."[4]

But what is the story now with self-portrayal via architecture in another form of democratic representation in Europe, not in the nation but in the city? Historically cities, in the sense of political communities, find their expression first of all in the development and cultivation of combined communicative spatial structures and networks. The community, city,

is represented and politically visible in its commonly frequented and renowned city spaces, in its urban configuration and context.

The representation of urban democratic culture via individual structures within this commonly frequented context of urban architecture is less meaningful than an abstract national self-portrayal of buildings in a democracy. The city can be understood directly, even in the structure of its ground plan, as an expression of an attitude, as the individual depiction of its inhabitants, better in any case than the often abstract architectonic representation of basic national values. The effect of the representative city building continues beyond the edge of the structure and can be understood within the context of public space in an urban democracy.

A walk through the old part of town in Regensburg with its fine network of streets, its openings onto public squares, and its revealing views outwards, or a walk through medieval Sienna tells us much about the public responsibility of the communitas toward urban architecture as art in public space. Public and private buildings are exonerated by the overriding coherence of urban construction, determining the spirit of the city and its citizens, even in its outlined ground plan. The designing of representative urban constructions in a democracy could, therefore, be a more relaxed undertaking than the ideologically overburdened discussions on the means of portraying abstract national democracies through contemporary architecture. The self-portrayal of a city, in the form, for example, of the architecture of the city hall in Siena, demonstrates the artistic freedom in design quality—the standards are open-ended. Why then are our so-called democratic cities so inhospitable today? All decisions on urban public architecture are made together with the participation of the citizens within the democratic and cultural context of the city and with the consent of a politically founded opinion shared by a majority. Obviously, urban culture is not only a culture of the majorities but also a question of the culture of the decision-makers.

sogenannten demokratischen Städte dennoch so unwirtlich? Sämtliche Entscheidungsprozesse über öffentliche städtische Architekturen sind doch von Bürgern gemeinsam gefällt worden, im demokratischen und kulturellen Kontext der Stadt und über den Konsens einer politisch gefundenen, mehrheitlich getragenen Meinungsbildung. Offensichtlich ist städtische Kultur nicht nur eine Kultur der Mehrheiten, sondern auch eine Frage der Kultur der Entscheidenden.

Städtische Demokratien repräsentieren sich bis heute architektonisch unter anderem in Häusern ihrer Bewohner, in öffentlichen Bauten wie Brücken, Straßen, Plätzen, Rathäusern, Schulen, Krankenhäusern, Kirchen, Märkten, Ämtern und in Kulturbauten.

In Gütersloh haben Jörg Friedrich und pfp architekten aus Hamburg seit nunmehr 25 Jahren an den Entwürfen, Vorplanungen, Verwürfen, Vorwürfen, Veränderungen, Umplanungen bis zu der Realisierung des neuen Theaters gearbeitet. 1994 wagte die Stadt Gütersloh, den Traum von einem neuen Stadttheater erstmals zu träumen, als der Abriss der bestehenden „Paul Thoene Halle", eines Theaterprovisoriums, zur Debatte stand.

Jörg Friedrich hatte in den frühen 1990er Jahren in einem bundesweit offenen Architekturwettbewerb mit seinem Team den ersten Preis

wurde dabei, welcher Art die Theaterkultur in einer Stadt wie Gütersloh sein soll, die man sich als Beitrag zur Stadtkultur grundsätzlich leisten darf und will.

Es wurde zur öffentlichen Machtfrage, dass Theaterkultur, ohne das man diesen Begriff inhaltlich fassen wollte, öffentlich zur Finanzierungsfrage reduziert wurde. In der Stadtpolitik ist eine solche Reduzierung der Kulturdiskussionen auf die Finanzierungsfrage ein wunderschönes, immer redliches und zudem unschlagbares Argument gegen alles. Ein Theaterneubau in Gütersloh, nein danke. Kulturverzicht als Mittel zur vermeintlichen Lösung anderer Probleme in der Stadt – eigentlich wollten sich damit nur einige Politiker über den Widerstand gegen die Kultur (weil Kultur Geld kostet) populistisch den Weg zur politischen Macht ebnen. Die Bürger der Stadt wurden in den politischen Kostenstreit um den Theaterneubau mit einbezogen und konnten demokratisch ihre Meinung zum Kulturbaustein Theater in einem Bürgerentscheid abgeben. Es ist eine falsche, scheinheilige Fragestellung gewesen: Nicht die Entscheidung für oder gegen einen Theaterneubau wäre im Sinne der städtischen Selbstdarstellung sinnvoll gewesen, sondern die Antwort auf die Frage: Wie viel und was für ein Theater wollen wir uns in der Stadt leisten?

gewonnen für ein neues städtisches Theater mit Tiefgaragen, Werkstätten, Proberäumen, zwei Sälen und mehreren Vollbühnen, begehbaren Dachterrassen und grünen Innenhöfen. Grandios, dachten alle! Nicht so die Stadt Gütersloh und deren Bürger nach der Entscheidung; die sahen das ganz anders. Jahre vergingen, nichts geschah. Nach zehn Jahren ging es weiter, als die Architekten die Nachricht bekamen, dass es nicht weiterging. Denn: Der Wettbewerbserfolg des Projekts beruhte auf einer kulturellen Euphorie der Stadt Gütersloh, gespeist aus den erfolgs- und wachstumsverwöhnten 80er Jahren. Das von der Stadt gewünschte ehrgeizige Raum- und Kulturprogramm könnte, so fürchteten einige politische Kritiker in der Opposition zurecht, die Möglichkeiten der städtischen Finanzierung bei Realisierung und Betrieb des anspruchsvollen Kultur- und Theaterbauentwurfes aus dem Architektenwettbewerb übersteigen. Politisch aber nicht problematisiert

Die Stunden vor und nach dem Bürgerentscheid gegen den Theaterneubau 2006 waren trist. Bis heute erinnern Fotos und Zeitungsartikel an die temporäre Niederlage städtischer Kultur vor dem scheinheiligen Hintergrund einer politisch inszenierten publikumswirksamen Durchschnittlichkeit, die sich mit ökonomischen Argumenten ein Stück Stadtmacht zurückzuerobern hoffte.

Schluss. Kein neues Theater, die Bürger haben entschieden.

Daraufhin geschieht etwas Unfassbares: Eine Handvoll engagierter Bürger aus Gütersloh nimmt die Entscheidung gegen den Theaterneubau als Herausforderung an. Nun erst recht, heißt die Devise, aber auch: lernen aus der Kritik, lernen aus der demokratischen Niederlage; Kultur muss bezahlbar bleiben, sonst verschwindet sie völlig aus der Stadt.

Das Ende des Theatergroßprojektes für Gütersloh ist der Beginn einer erstaunlichen Geschichte bürgerlich demokratischer Beharrlichkeit,

Until now, architectural portrayal of urban democracies is evident, for instance, in the homes of its citizens and in public constructions such as bridges, streets, squares, town halls, schools, hospitals, churches, markets, administration and cultural buildings. For years now, Jörg Friedrich and pfp architects in Hamburg have been working on drafts, preliminary plans, rejections, alterations, and revisions for the construction of the new theater in Gütersloh. In 1994, Gütersloh dared for the first time to dream of a new city theater once the demolition of the existing Paul Thoene Hall, a provisional theater, was under debate. In a nation-wide open competition for architects in the early nineteen-nineties, Jörg Friedrich and his team were awarded the first prize for his draft of a new urban theater with underground garages, workshops, rehearsal rooms, two auditoriums, several full stages, accessible roof terraces, and internal green courtyards. "Fantastic!" thought everybody. Not so, the city of Gütersloh and its citizens. As regards this decision, they had a different opinion. The years passed and nothing happened. Ten years later, it continued after the architects were notified that nothing would happen. For the competitive success of the project was due to a cultural euphoria of the city of Gütersloh, spurred by the success and the growth of the nineteen-eighties. The political opposition rightly objected that the ambitious spatial and cultural program desired by the city could possibly cost more than the municipal budget could cover for the actual construction and administration of such a pretentious cultural and theatrical building design stemming from the architectural competition. The question as to the kind of theater culture that a city such as Gütersloh can basically afford, as an element of their desired urban culture, was not a political issue. On the other hand, it became a public power issue as to what extent theater culture, without specifying this concept,

should be reduced to a question finances. In city politics, such a reduction in the discussion of culture to a question of finances has become an excellent, always honest, and unbeatable argument against everything. A new theater building in Gütersloh? No, thank you. The sacrifice of culture as a means of solving other problems in the city—in effect, a few politicians were interested in paving their way to political power through their popular opposition to culture (as culture costs money). The citizens of the city were drawn into the political argument on costs of the new theater building and were allowed to submit their opinion on the cultural building block, theater in a democratic public decision process. There was a false and hypocritical formulation of the question: a decision for or against a new theater building, which was not sensible in the context of urban self-presentation, rather an answer to the question of how much theater can we afford in this city.

The hours before and after the democratic vote against the theater 2006 were dismal. Photographs and newspaper articles still remind us of the temporary defeat of urban culture upon the hypocritical background of a politically instigated and publicly appealing mediocrity in the hopes of regaining some political power with economic arguments.

That was that. No new theater; the citizens have made their decision.

Thereupon something unbelievable happened: a handful of committed Gütersloh citizens regarded the vote against the new theater as a challenge. Now or never, was the motto, but also: let us learn from the criticism, learn from the democratic defeat, culture must be affordable, otherwise it will vanish completely from the city.

The end of the great theater project for Gütersloh is the beginning of an astonishing story of civic persistence, personal insistence and cognizance of one's own cultural needs within an urban population. In the

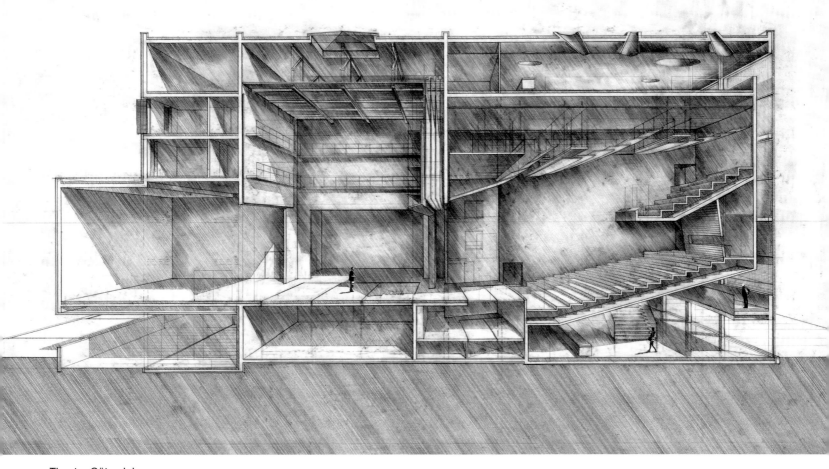

Theater Gütersloh
Perspektivischer Schnitt perspective section

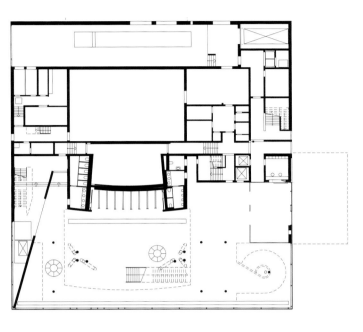

EG

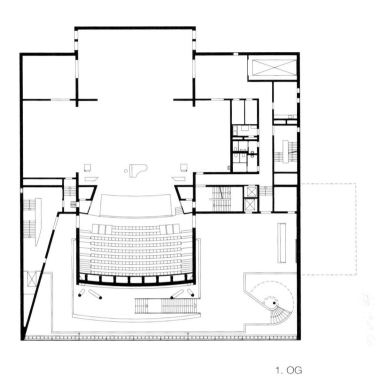

1. OG

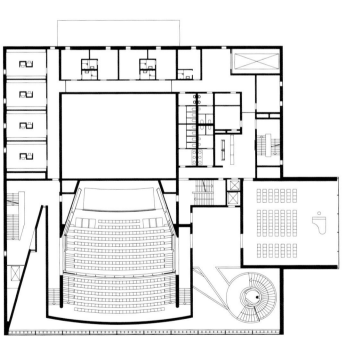

3. OG

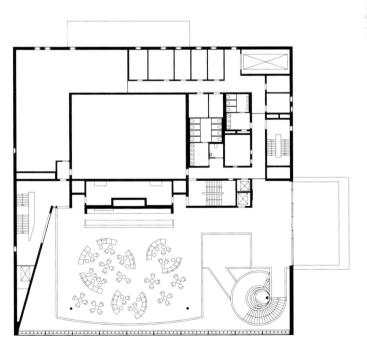

5. OG

Theater Gütersloh
Eingangsfoyer, Saalfoyer, Studiobühne, Skylobby entrance foyer, auditorium foyer, studio stage, sky lobby

persönlichen Insistierens und Bewusstwerdens der eigenen kulturellen Bedürfnisse innerhalb einer städtischen Bevölkerung. Dem beharrlichen Insistieren auf die kulturellen Bedürfnisse der „Communitas" vermag die Politik schließlich nur noch zu folgen, sie kann sie nicht mehr führen.

Das Ergebnis ist heute in Gütersloh zu besichtigen. Die Stadt eröffnet im März 2010 einen der wirtschaftlichsten Theaterneubauten in Deutschland seit Bestehen der Republik. Es ist ein Theater, das sich sehen lassen kann. Es ist Ergebnis demokratischer Entscheidungsprozesse, zweier Volksentscheide und der Verpflichtung zum Sparen. Dazu ist es ein Ort städtischer Repräsentation geworden.

Die zeitgenössische städtische Kultur wird dabei als eine Kultur der Inszenierung verstanden. Der Neubau bietet allen gesellschaftlichen Gruppen die Gelegenheit, sich selbst und ihre Lebenswelt über die Kunst in Szene zu setzen und zu ästhetisieren.

Die ästhetische Arbeit in ihrer vollen Breite wird erfasst und ermöglicht. Ästhetik ist ein Grundbedürfnis des Menschen, sie muss auf Seiten des Produzenten eine allgemeine Theorie ästhetischer Arbeit sein und auf Seiten des Rezipienten eine Theorie der Wahrnehmung eröffnen. Dabei wird Wahrnehmung verstanden als die Erfahrung der Präsenz von Menschen, Gegenständen und Umgebung. Die Ästhetisierung der Inszenierung des Raumes im Kontext der Stadt spiegelt sich wider in der Erfindung der Konzeption eines neuen Theatertypus: dem vertikalen Theater.

Die Reduzierung der demokratischen Kulturdebatte lediglich auf die materielle Kostendiskussion im Jetzt und Heute kann, langfristig gesehen, kontraproduktiv und das Gegenteil von Nachhaltigkeit sein. Diesen schmalen Grad zwischen Anspruch, Kulturraum und Kostenlimit zu begehen, ist für eine Stadtdemokratie die größte politische Verantwortung.

Bereits die überwältigende Akzeptanz in der Stadt kurz nach der Eröffnung zeigt, dass die Selbstinszenierung der Stadtbürger in allen Bereichen über einen Theaterneubau gelingen konnte.

Inmitten der Stadt Gütersloh, neben der Stadthalle, ist im Laufe von gut 15 Jahren aus einem Gedanken, aus einer Idee eine beispielhafte Theaterarchitektur gereift. Sie wird mehr zulassen, als dies im herkömmlichen Theater bislang möglich war.

Der Theaterneubau ist über seine zähe Entstehungsgeschichte bis hin zur Fertigstellung begreifbar als bürgerliche Selbstdarstellung von öffentlicher Kultur im politischen und realen Raum der Stadt.

Die Architektur erzählt von der bürgerlichen Verantwortung für das Gemeinwesen Stadt.

Anmerkungen

1   Zitiert nach: Flagge,Ingeborg/Stock, Wolfgang Jean (Hg.): *Architektur und Demokratie*. Stuttgart 1992, S. 68
2   Ebd., S. 53
3   Ebd., S. 58
4   Pehnt, Wolfgang: *Deutsche Architektur seit 1900*. Ludwigsburg 2005, S. 304

end, politics can only yield to the unwavering insistence on the cultural needs of the "Communitas"; they can no longer lead. The results can be observed in Gütersloh today. In March 2010, the city inaugurated one of the most economic new theater buildings in Germany since the republic was established. It is a theater to be proud of. It is the result of a democratic decision process, two different public voting procedures, and the obligation to economize. It is, as well, a venue of urban representation.

Contemporary urban culture is often understood as a culture of stage managing. The new building offers all social groups the possibility of an aesthetic experience in staging themselves and presenting their world of experience through art.

Aesthetic work in its full dimensions is comprehended and made possible. Aesthetics are a basic need of man; on the part of the producer they must be a general theory of aesthetic art and on the part of the recipient they must reveal a theory of perception. In this respect, perception is understood as experiencing the presence of people, objects, and environment. Aesthetics of room design within the context of the city is reflected in the creation of a new type of concept, one of the vertical theater.

Reducing the democratic debate on culture in today's world to a discussion of material costs can, in the long run, be counterproductive, achieving the opposite of a lasting culture. Walking this narrow path between the cultural realm and cost limitations is the greater political responsibility.

The overwhelming acceptance in the city shortly after the opening demonstrates that with the new theater building, the self-reliance of the city's citizens was successful in all respects.

In the middle of the Gütersloh, next to the city hall, a thought, an idea has matured in the course of at least fifteen years to become exemplary theater architecture. It will allow more than was possible in conventional theaters of the past.

This newly constructed theater can, from its weary beginning up to its final completion, be conceived of as a semblance of its citizens in public culture, representation within the political and actual realms of the city.

Notes
1   Ingeborg Flagge and Wolfgang Jean Stock (ed.), *Architektur und Demokratie* (Stuttgart 1992), 68.
2   Ibid., 53.
3   Ibid., 58.
4   Wolfgang Pehnt, *Deutsche Architektur seit 1900,* Ludwigsburg 2005, 304

Theater Gütersloh
Längsschnitt, Wettbewerb 1994
longitudinal section, competition 1994

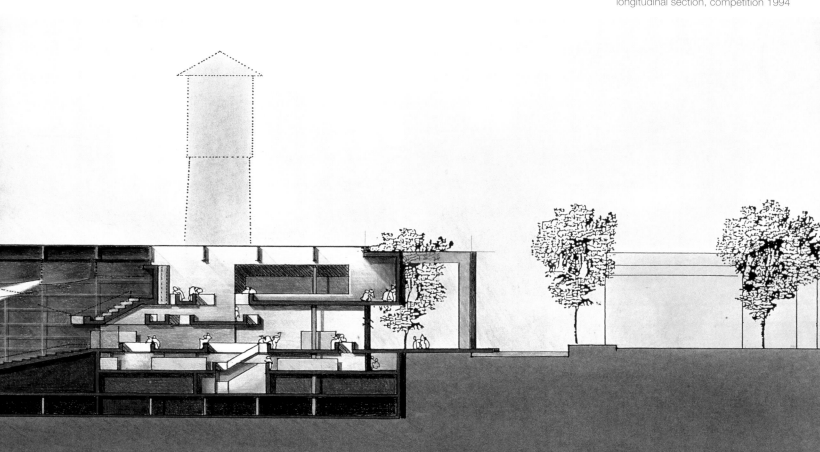

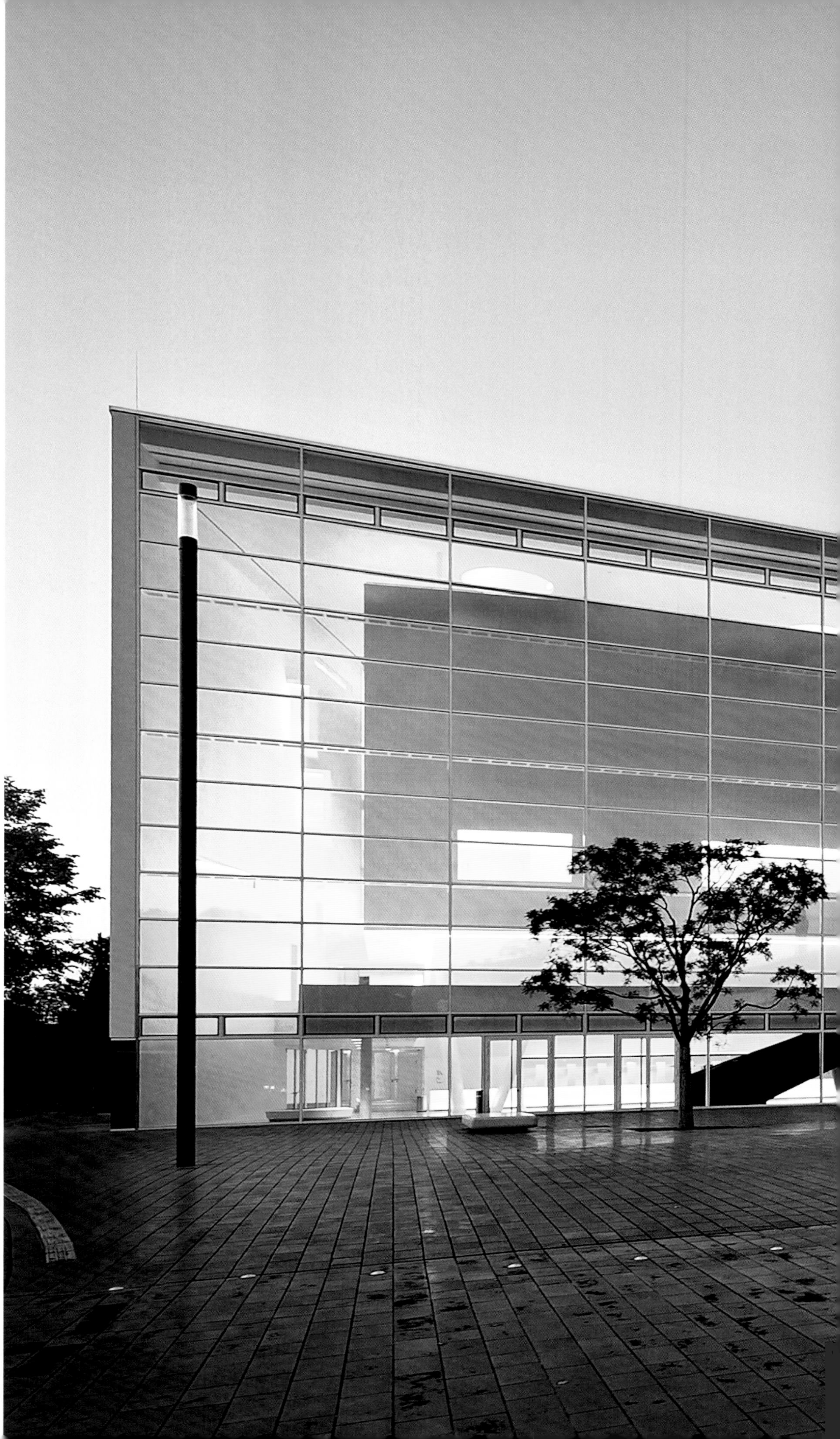

Norden North

Westen West

SSE

Donnerstag, 09.09. 20.00 Uhr
Nigel Kennedy Quintet
Der Rockstar der Klassik
Theater Extra, Theater, Theatersaal

Sonntag, 12.09. 12.00 Uhr
TAG DER OFFENEN TuR
im und um das Theater

Samstag, 18.09. 19.30 Uhr
Ballett der Staatsoper Hannover
Choreographien von J. Mannes und J. Inger
Schauspiel I Musiktheater I Tanz
Theater, Theatersaal

Sonntag, 19.09. 19.30 Uhr

Ballett der Staatsoper Hannover
Choreographien von J. Mannes und J. Inger
Schauspiel I Musiktheater I Tanz
Theater, Theatersaal

Saalfoyer, rechts
Auditorium foyer, right

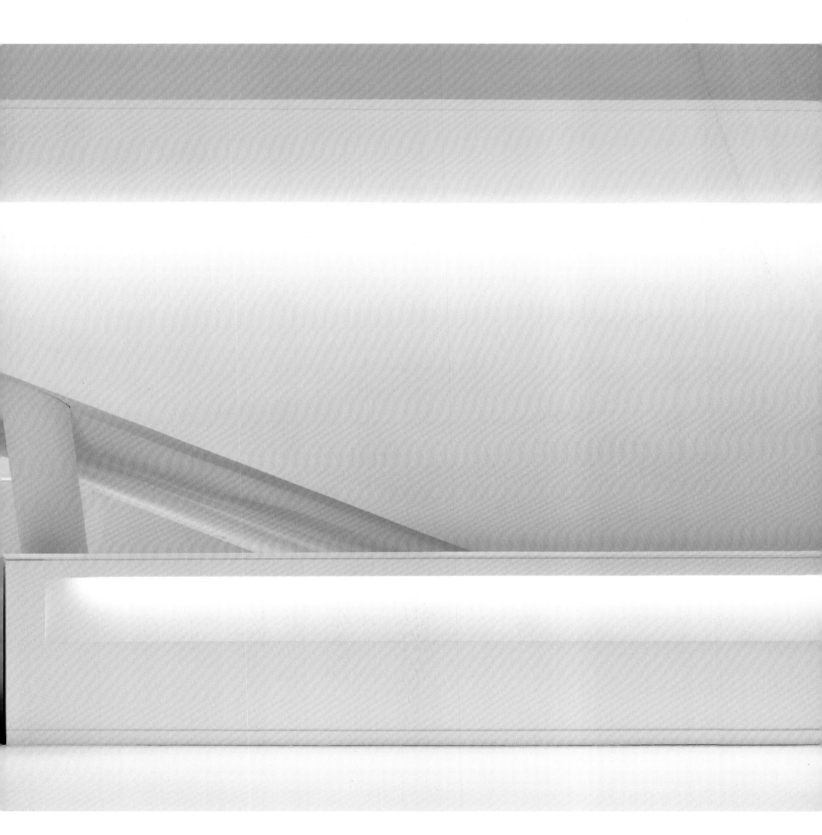

Skylobby Sky lobby

Foyer Studiobühne Foyer studio stage

Großer Saal Great auditorium

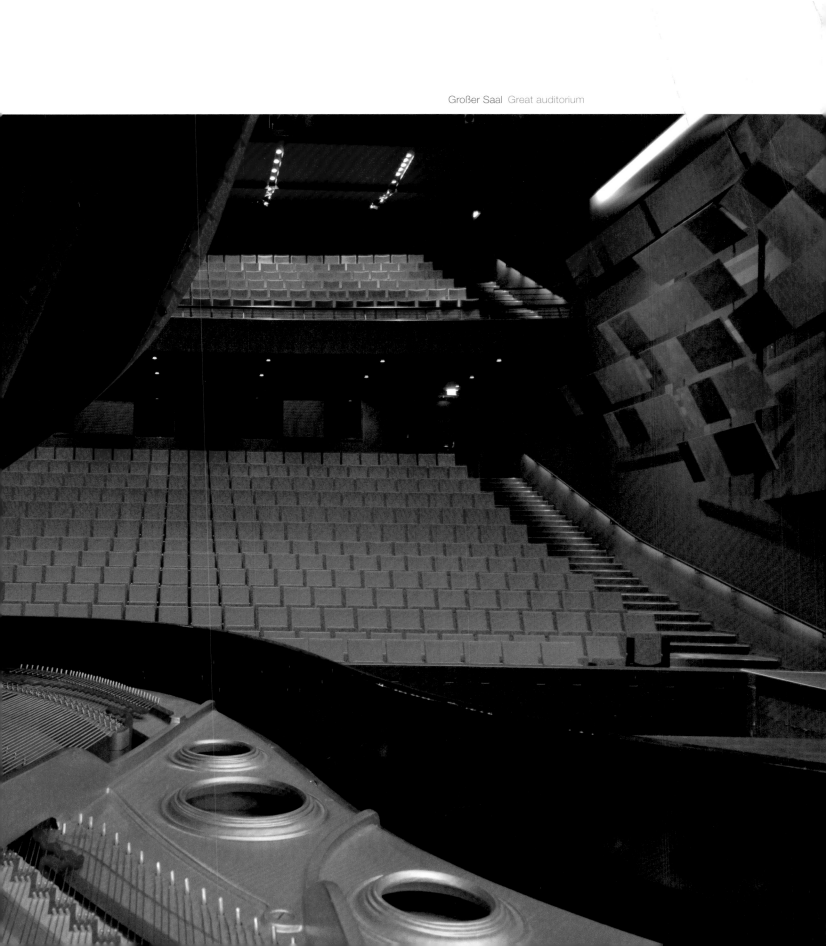

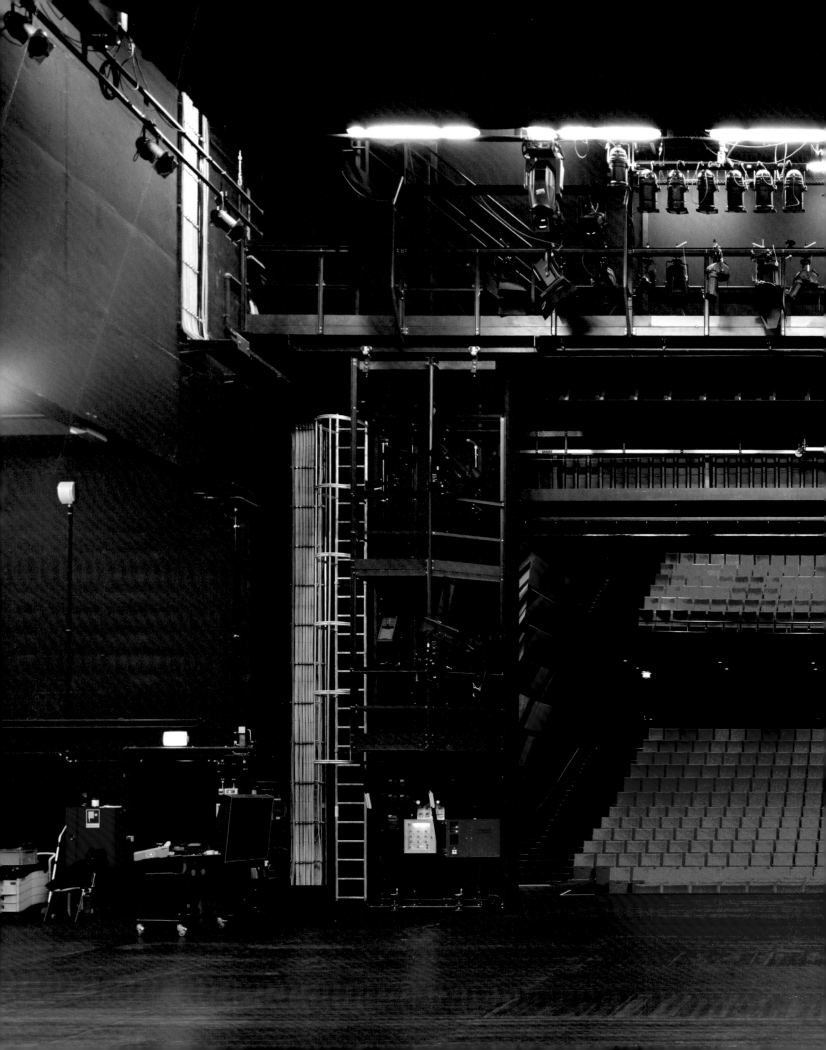

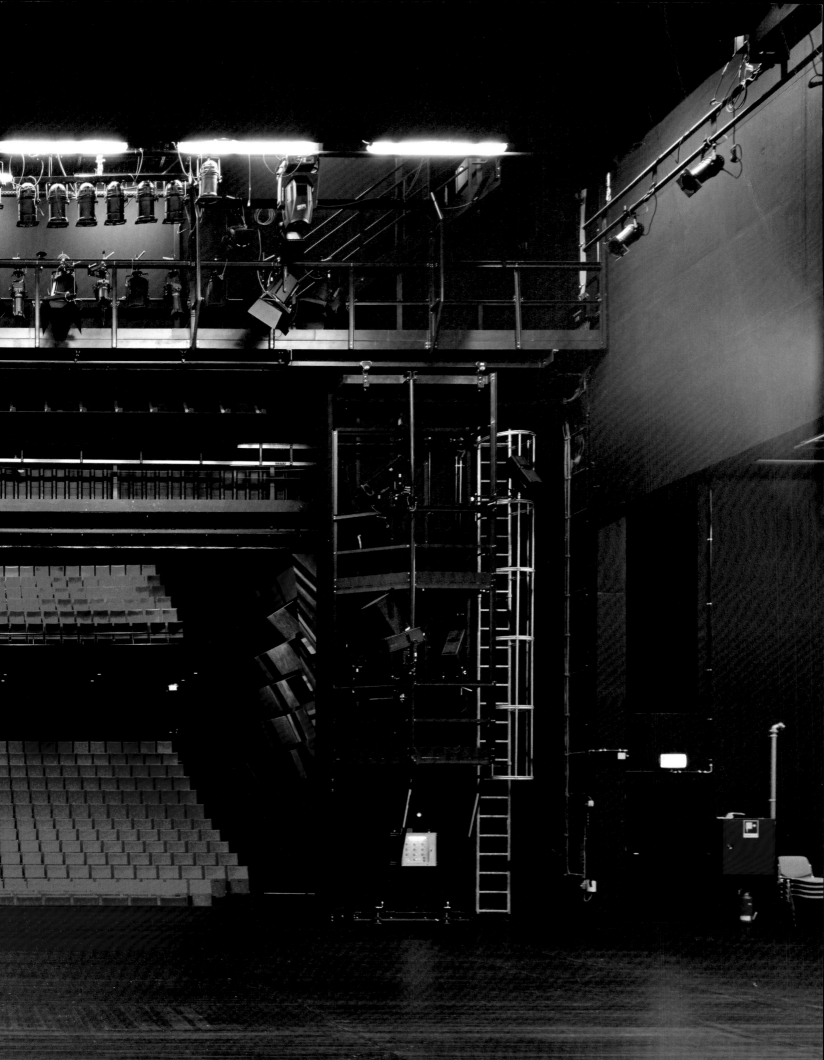

Friedrich Schirmer

THEATERRAUSCH
ODER: DER
ZIGEUNERJUNGE
SCHWITZT

Theater Gütersloh
Duo „Agil"

Friedrich Schirmer

THEATRICAL EUPHORIA OR: THE *GYPSY LAD* IS SWEATING

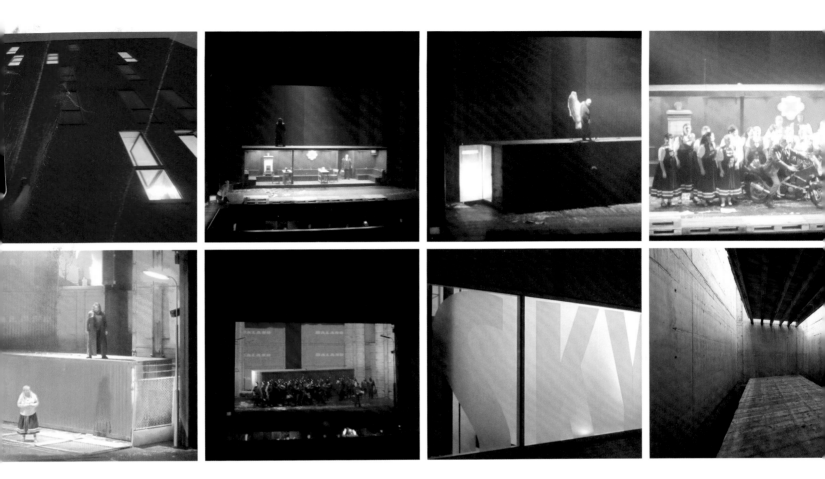

„Ich habe viele vergebliche Gespräche mit Architekten geführt, die neue Theater bauen – habe mich umsonst bemüht, für meine Überzeugung, dass es nicht eine Frage guten oder schlechten Bauens ist, die richtigen Worte zu finden. Ein schönes Gebäude ruft vielleicht nie explosive Ausbrüche des Lebens hervor, während ein unscheinbarer Saal ein großartiger Begegnungsort sein kann: Das ist das Mysterium des Theaters, aber im Verständnis dieses Mysteriums liegt die einzige Möglichkeit, es zu einer Wissenschaft zu ordnen. In anderen Formen der Architektur gibt es ein Verhältnis zwischen bewusstem, artikuliertem Plan und guter Funktion: Ein gut geplantes Krankenhaus wird brauchbarer sein als ein hingepfuschtes. Aber beim Theater kann das Problem der Planung nicht von der Logik ausgehen. Es kommt nicht darauf an, analytisch auf die Voraussetzungen hinzuweisen und wie sie am besten zu organisieren wären – das bringt gewöhnlich nur einen zahmen, konventionellen, häufig auch kalten Saal zustande. Die Wissenschaft des Theaterbauens muss mit der Untersuchung anfangen, was die lebendigste Beziehung zwischen Menschen hervorbringt – und ist dabei die Asymmetrie, sogar Unordnung am dienlichsten? Wenn ja, was kann die Regel für diese Unordnung sein?"
Peter Brook, *Der leere Raum*

I have had many a futile conversation with architects building new theaters—I have tried in vain to find the right words for my conviction that the question is not one of proper or poor construction. A beautiful building may never arouse explosive outbursts of emotion, whereas an inconspicuous auditorium can bring forth unexpected encounters of superb nature: that is the mystery of theater, but in comprehending this mysticism lies the only possibility of its classification as a science. In other forms of architecture there is a direct relation between a deliberate and articulate plan and its successful function: a well-planned hospital will be more useful than one sloppily designed. But in theater construction the problem of a plan cannot be based on logic. It does not depend upon an analytical reference to the prerequisites and how best to organize them—this usually results in a dull, conventional, and often cold room. The science of theatrical construction must begin with an analysis of what provokes the most fervent interrelation between people—and could asymmetry, even disorder be most appropriate? If so, what then is the rule for this disorder?
Peter Brook, *The Empty Room*

In Gütersloh ist ein solcher Theater-Raum gelungen – einer, der die „lebendigste Beziehung" zwischen den Zuschauern im Saal und den Akteuren auf der Bühne hervorbringen kann. Denn Theater braucht, um zu gelingen, unabdingbar die lebendig positive Energie des Publikums. Diese Zuschauer-Energie, die sich – die Akteure auf der Bühne teilnehmend betrachtend – aufbaut und dann – sich ausdehnend – die Bühne erreicht. Für den Schauspieler gilt in jedem Moment seines Bühnendaseins: Ich gebe, um zu empfangen und ich empfange, um zu geben. So entsteht in den glücklichen Momenten des Theaters ein Prozess der gegenseitigen Resonanz. Es schwingt die Zuschauer-Energie von der Bühne zurück in den Saal und von dort wieder auf die Bühne zurück … und zurück … und zurück … In diesem Wechselspiel wird sie stärker und stärker.

Just such a theatrical auditorium was successfully constructed in Gütersloh, one that can evoke the "liveliest interaction" between the spectators in the room and the actors on stage. For in order for theater to succeed, there is an indispensable need of positive vibrant energy stemming from the audience, spectator energy—mounting in observing and sympathizing with the actors on stage—then expanding to reach the stage itself. What counts in every moment of the actor's stage existence is: I give in order to receive, and I receive in order to give. Thus emerges in the fortunate moments of theatrical performance a process of reciprocal response. The spectator vigor swings back from the stage into the auditorium and from there back to the stage … again back … and forth. It becomes ever stronger in this interplay.

Theater Gütersloh
„Kabale und Liebe", 2010 (Gast-
spiel Deutsches Schauspielhaus
Hamburg)
"Intrigue and Love," 2010 (guest
performance by the Deutsches
Schauspielhaus Hamburg)

Theater Gütersloh
„Zigeunerjunge", 2010
(Gastspiel Deutsches Schauspielhaus Hamburg)

"Gypsy Lad," 2010
(guest performance by the Deutsches Schauspielhaus Hamburg)

Bei der Eröffnung des neuen Theaters in Gütersloh durch die Aufführung *Zigeunerjunge* des Deutschen Schauspielhauses Hamburg war genau das zu beobachten: Die Energie des Ensembles strahlte von der Bühne und wurde vom Publikum aufgenommen, verdichtet und um ein Vielfaches verstärkt zurückgegeben. Einer der direkt Beteiligten beschreibt seine Eindrücke so: „Das Publikum half den Schauspielern, über sich selbst hinauszugehen. Jeder Abend wurde zu einem gelungenen, umjubelten Genuss. Klar, eine tolle Aufführung, das wussten wir schon vorher. Vielleicht lag es aber auch mit an Ausformung und Lage des tief im Inneren, im Herzen des Hauses verborgenen und geheimnisvoll dunkel glänzenden Saales im Kontrast zu einem ansonsten strahlend weißen Theaterbau, dass sich so etwas überhaupt ereignen konnte. Waren es die konzentrierte Dichte und die dramatische Raumstaffelung der Zuschauer bis hoch hinauf in die Ränge, die dazu verhalfen? Erstaunlich, wie aus dem Gefühl der schützenden Geborgenheit aller im gemeinsam erlebten Theaterraum sich zwischen Schauspielern und Publikum eine derartige mit positiver Energie aufgeladene gegenseitige Spannung und Dichte aufbauen konnte. Ein Ereignis für das Theater."

At the opening of the new theater in Gütersloh during the performance of "Zigeunerjunge" (Gypsy Lad) by the ensemble of the "Deutsches Schauspielhaus" in Hamburg, this is exactly what happened: the vitality of the ensemble radiated from the stage, permeated the audience, was intensified and reflected back in multiplied strength.
A participant described his impressions as follows: "The audience helped the actors in exceeding their own limits. Every evening there was the joy of a successful, wildly acclaimed performance. Of course, we knew beforehand that this was a fantastic production. But perhaps it was also because of the shape and location of the mysteriously dark, glistening room, hidden in the heart of the building—in contrast to an otherwise gleaming white theater building—that something like this could happen. Was it the concentrated closeness and the dramatically graduated seating of the spectators high up into the balconies? Amazing, how there could arise from a sense of common security within the room such reciprocal suspense and excitement, laden with positive energy, between the actors and the audience—a special happening for the theater."

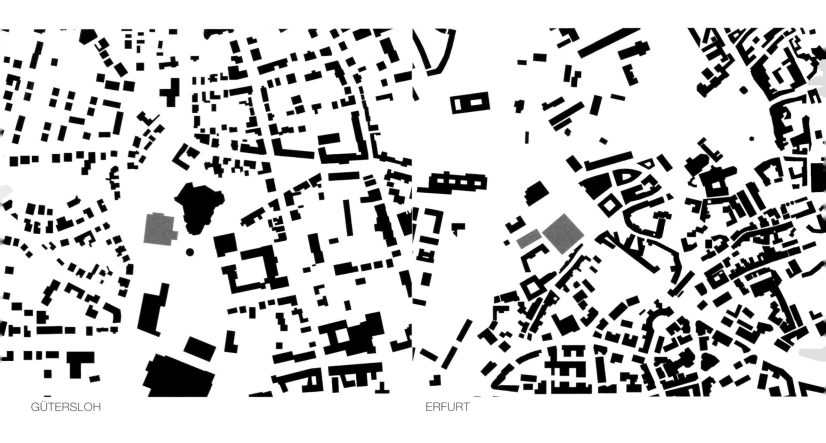

GÜTERSLOH   ERFURT

STADT
KULTUR
BAUEN

NÜRNBERG   DÜSSELDORF

Martina Löw

HITZEGRADE. TEMPERATUREN DER STÄDTE

Die Stadt gilt als der Ort, an dem die Kontinuität von Kultur erfahrbar wird. Mehr noch, sie ist das Zentrum jeder nicht nomadischen Lebensweise, kumulierte Kultur, und damit zugleich Ausgangspunkt und Vergewisserung historischer Sedimentbildung. Eine öffentliche Debatte, die die Stadt in ihrer Vielfalt zu begreifen trachtet, erschiene also naheliegend und doch standen die Intellektuellen der Großstadtkritik immer näher als dem Sinnverstehen städtischer Gefüge.

Denken Sie mit mir einmal die Stadt als Vergesellschaftungsform (individuell prägend und spezifisch sinnhaft), „deren basale Logik auf Verdichtung und Heterogenisierung beruht" (Berking 2008:29). Dichte kann man als „eine Temperatur, einen Hitzegrad" fassen, „der die Reaktionsfähigkeit zwischen heterogensten Elementen bereitstellt und die unmöglichsten Verbindungen Wirklichkeit werden lässt" (Berking 2008:21).

Stadt als Vergesellschaftungsform

Jede Stadt wird folglich als verdichtete Sinn- und Wissensordnung verstehbar und somit kulturtheoretisch interpretierbar. Dies meint keineswegs – nur um keine Missverständnisse hervorzurufen – den Ausschluss wirtschaftlicher Praktiken aus der Stadtanalyse; sondern eine sich als Kultursoziologie begreifende Stadtsoziologie richtet das Augenmerk auf kulturelle Codes, Deutungsmuster, Repräsentationen und Sinnhorizonte, um jene symbolischen Ordnungen zu begreifen, die jede Art von Praktiken (seien sie politischer, wirtschaftlicher, ästhetischer etc. Provenienz) ermöglicht oder beschränkt. Wenn die Stadt eine „genuin eigenständige Vergesellschaftungsform" (Berking 2008:17) ist, dann heißt das zum Beispiel für das Stadttheater, dass Inszenierungen vor dem Hintergrund spezifischer Sinnprovinzen erfahren werden. Bedeutungszuschreibungen sind ortsabhängig.

Mit dem Kulturbegriff sind zwei Abstraktionsebenen angesprochen: erstens die Formen, Deutungsmuster und Sinnhorizonte, die sich zu gemeinsamen Weltsichten verdichten und sich somit als verschiedene Kulturen unterscheiden lassen, sowie zweitens die Materialisierungen in Form von Objekten und Institutionen, wie zum Beispiel Theater, die in der Auseinandersetzung mit den Formen, Codes und Deutungsmustern etc. entstehen.

Damit lässt sich fragen, wie macht ein Gebilde, das wir allgemein als Stadt definieren und mit einem konkreten Namen versehen, eigentlich Sinn? Wie macht Düsseldorf Sinn? Macht es anders Sinn als St. Petersburg oder Seoul? Welches Theater braucht welche Stadt?

Welches Theater braucht welche Stadt?

Fangen wir mit der Antwort bei Max Weber an. Seine bis heute unwidersprochene Hauptaussage ist, dass Menschen mit ihrem Handeln Sinn verbinden. Wir verhalten uns nicht blind, sondern das, was wir tun, muss für uns einen Sinn ergeben. Gemeinsame Kultur findet sich demnach darin, dass Menschen Sinnsysteme teilen.

Sinnsysteme verbinden

Nun sind die Sinnstrukturen einer Kultur keine homogene Einheit, sondern heterogen ausdifferenziert. Die Frage nach Interkultur führt jedoch weiter. Sie zwingt uns zu einer Antwort, ob Städte Strukturgefüge sind, die gemeinsamen Sinn zu evozieren vermögen, also jenseits der Varianten in den Stadtteilen und Milieus eine verbindende Kultur entwickeln. Berliner Kultur. Hamburger Kultur. Erfurter Kultur. Dirk Baecker sagt, dass Theater immer anders gespielt wird, je nachdem, ob das Theater mit Göttern, mit Fürsten, mit der Tageszeitung oder mit Google konkurrieren muss. Wird es nicht auch anders gespielt, ob wir es mit Tokio,

Martina Löw

DEGREES OF HEAT. CITY TEMPERATURES

Kleines Festspielhaus Salzburg
Gutachten experts' review
2002

The city is considered to be the place where continuity of culture can be experienced. Even more—the city is the center of that non-nomadic way of life, an accumulation of culture, and at the same time, therewith, the beginning and the assurance of an historical formation of cultural sediment. A public debate attempting to comprehend the city in its diversity would seem appropriate, and yet the intellectual criticism of big cities was more obvious than the desire to understand the meaning of city structures.

Consider along with me the city as a form of socialization (individually formative and specifically meaningful) "whose basic logic is founded upon density and heterogeneity" (Berking 2008:29). Density can also be understood as "a temperature, a degree of heat which promotes between heterogenic elements the capacity to react, enabling the most impossible associations to occur" (Berking 2008:21).

The City as a Form of Socialization

Every city is thus comprehensible as a condensed order of meaning and knowledge, interpretable therefore in the scientific theory of culture. This does not in any way mean the exclusion of economic practices in the analysis of the city—just to prevent any misconceptions—but the sociology of the city in the sense of cultural sociology is concerned with cultural codes, interpretation models, representations, and meaningful scopes in order to understand those symbolic orders (whether they be of political, economic, aesthetic, etc. derivation) that enable or limit any and every procedure. If the city is a "genuinely autonomous form of socialization" (Berking 2008:17), then that indicates for the municipal theater, for example, that productions will be comprehended on the basis of specific provincial interpretation. Meaningful attributes depend upon location.

With the concept of culture two abstract levels are indicated: firstly the forms, models of interpretation, and scopes of meaning that condense into common concepts of the world, thereby differentiating cultures; and secondly, materialization in the form of objects and institutions, as for example, the theater evolving from confrontation with those forms, codes, and models of interpretation.

Here the question is allowed, what sense does a construct make that we generally define as a city and to which we give a specific name? How does Düsseldorf make sense? Is it a different sense than St. Petersburg or Seoul? What theater is needed by which city?

What Theater is Needed by which City?

Let's begin with Max Weber in answering. His main statement, undisputed even today, is that human beings act in a meaningful manner. We do not act blindly but in a manner that makes sense for us. Common culture is therefore evident where people share common value systems.

Connecting Value Systems

Now the value structures of any one culture are not an homogenous whole but are heterogeneously differentiated. The question of an intercultural system leads us on and forces a response as to whether cities are structural agglomerations that are able to evoke a common sense of meaning, developing a binding culture over and above variations in city districts and environments. A culture of Berlin, a culture of Hamburg, a culture of Erfurt? Dirk Baecker states that theatrical performances are always different, depending on whether they must compete with the Gods, with royalty, with the daily newspaper, or with Google. Will they not also vary if taking place in Tokyo, Paris, or Cologne? Should the performances differ? Should the directors and the

Theater Gütersloh

Paris oder Köln zu tun haben? Müsste es nicht anders spielen? Müssen sich Intendanten und Dramaturgen eines Stadttheaters nicht genau wie die Architekten auf ihre Stadt einlassen?

Stadt-Miteinander schafft Bewusstsein, aber noch keinen Inhalt

Städte sind Objektivationen. Sie werden mit Namen versehen, in Bildern konstruiert, als Pläne gezeichnet, als Einheiten geplant etc. Man fährt nach Köln, Paris oder Tokio. Man wohnt in Boston, Seoul oder Barcelona.

Dass Menschen sich stärker mit ihrem Stadtviertel denn mit der Stadt identifizieren (Gemeinnützige Hertie Stiftung 2010), zeigt nur, dass sie auch die Stadt als konstruierte Einheit mit Sinn für das eigene Leben anreichern. Städte sind (wie Quartiere und Nationen) auch – und ganz wesentlich – Orte, die die Erfahrung eines „Wir" ermöglichen.

Wissen, gemeinsames Schicksal, Handeln: Für Karl Mannheim entsteht Wissen im Rahmen gemeinsamen Schicksals, gemeinsamen Handelns und in der Konfrontation mit gemeinsamen Schwierigkeiten.

Erfahrungsgemeinschaften als Kulturgemeinschaften sind vielfältig denkbar. Die Stadt ist deshalb eine nicht zu vernachlässigende Kulturgemeinschaft, weil sie gemeinsame Kultur zwischen Menschen unterschiedlichster Herkunft denkbar und fühlbar macht.

Eine Stadt, schreibt schließlich Hans-Georg Gadamer, ist „eine Welt, die man nicht von vornherein in objektiver Distanz eines Gebildes anschaut, sondern in der man lebt, die einem ins Blut geht und deren Gestalt sich langsam dem in ihr Lebenden so heraushebt, wie sie sich selbst aus dem geschichtlichen Prozess ihres Wachsens zu ihrer nie ganz fertigen und vollendeten Gestalt bildet" (Gadamer 1977: 85).

Wie vermittelt sich die gemeinsame Kultur?

Ich möchte nur zwei kurze Antworten hierfür zur Diskussion stellen, wissend, dass der Prozess noch weitaus komplexer ist. Um Zukömmlingen Stadterfahrung zu vermitteln und sich nicht allein der Gegenwärtigkeit zu verschreiben, bedarf es der Sprache, der Namensbildung. Der Begriff „Stadt" übernimmt als Allgemeinbegriff die Funktion, ein verdichtetes, auf Heterogenität basierendes soziales Leben vom Land und vom Nationalstaat zu unterscheiden. Als solcher tilgt er (mit Recht) die Verbundenheit mit der Erfahrung, die ihn fundiert. Daneben stehen Petersburg, Hamburg, Erfurt oder jeder andere Stadtname als Worte in benennender Funktion. Sie verweisen auf anschauliche, erlebnisbasierte Erfahrungsgemeinschaften. Mit ihrer Namensgebung wird existenzielles Zusammensein auf Dauer gestellt und von der unmittelbaren Aufnahme im Sinne der Inkorporierung jedes Einzelnen abgelöst.

Mit der Namensgebung wird es möglich, über Paris vieles zu wissen, ohne je dort gewesen zu sein. Die Rede von der Totalität der Stadt, dem Ganzen der Stadt oder auch der Einheit Stadt meint hierbei immer eine mit einem Namen versehene zeitweilige Synthese ohne geschichtliches Abschlusstelos. Es ist die, auch auf agonalen Prozessen basierende, gestaltgebende Deutung als Zusammenhang.

Eine andere, gleichwohl ergänzende Antwort auf die Frage nach der Vermittlung von Erfahrung und dem historischen Fortbestand von Deutungen gibt das Konzept der Institutionalisierung. Eine entscheidende Dimension für die Herausbildung eines überindividuellen Erfahrungszusammenhangs als gemeinsame Kultur ist die Habitualisierung von Formen, Codes, Deutungsmustern, Repräsentationen und Sinnhorizonten, die sich als Lösungsstrategien für Alltagsherausforderungen bewährt haben. Institutionalisierung ist jener Prozess, wenn aus individuellen Handlungen typische Handlungen und aus Individuen Typen werden.

Welt gewinnt in Städten Bedeutung

Das Provozierende ist die Einsicht, dass die Welt in Städten auf spezifische Weise Bedeutung erlangt. Selbstverständlich leben wir auch in nationalstaatlichen Gefügen und globalen Abhängigkeiten, aber die Welt zeigt sich vor Ort in ihrer Schärfe. Man kann die Logiken des Ortes in der Kunst verwirren, stärken, verschieben. Aber: Was in Städten Bestandteil kollektiver Sinnhorizonte wird, ist nicht unendlich: die Relationierung von Vergangenheit, Gegenwart und Zukunft, die Bezüge auf Ethnizität, Klasse, Alter, manchmal auch Geschlecht oder Sexualität (zum Beispiel San Francisco), feldspezifische Logiken wie die Relationierung von Wirtschaft, Kultur und Religion (Jerusalem oder Tel Aviv).

Versteht man Kultur als die Formen, Deutungsmuster und Sinnhorizonte, die sich zu gemeinsamen Weltsichten verdichten, dann leben wir in verschiedenen kulturellen Geweben gleichzeitig. Die Stadt ist eines davon – ein Bedeutendes. Sie können in Berlin, Salzburg oder Düsseldorf, Erfurt und Nürnberg vieles machen, aber nicht alles macht Sinn. Das gilt auch für das Theater.

Literatur

Berking, Helmuth (2008): „’Städte lassen sich an ihrem Gang erkennen wie Menschen' –- Skizzen zur Erforschung der Stadt und der Städte". In: Berking, Helmuth/Löw, Martina (Hg.): *Eigenlogik der Städte*. Frankfurt am Main: Campus, S. 15–31
Gadamer, Hans-Georg (1977): *Philosophische Lehrjahre. Eine Rückschau.* Frankfurt am Main: Klostermann

drama departments of city theaters not adjust their creativity to the city, exactly as the architects do?

City Cooperation Creates Consciousness but not Content

Cities are objective creations. They are given names, are constructed in drawings, drafted in plans, conceived as integrated wholes, etc. One travels to Cologne, to Paris, or to Tokyo. One lives in Boston, Seoul, or Barcelona.

The fact that people identify themselves more strongly with their particular city district than with the city itself (charitable Hertie Foundation 2010) only goes to show that they enrich the city as a constructed entity with the meaning of their own lives. Cities, just like districts and nations, are also—and in essence—places that enable the perception of a "we" feeling.

Knowledge, common fortune, action; Karl Mannheim states that knowledge emerges within the framework of common fate, common action, and in confrontation with common obstacles.

Learning communities are imaginable in multiple forms as cultural communities. The city is, therefore, a non-negligible cultural community as it makes a common culture between people of various descent imaginable and perceptible.

A city, writes Hans-Georg Gadamer, is in the end "not a creation to be observed initially from an objective distance, but a world in which one lives, which gets in your blood and whose character is gradually imposed upon its inhabitants, just as itself develops within the process of historical change into a never completely finished or perfect form" (Gadamer 1977:85).

How is Common Culture Conveyed?

I would like to present two responses here as a basis for discussion, in the knowledge, however, that this process is much more complex. In order to convey city experience to the newcomer, not devoting oneself to the present only, language (naming) is essential. The concept "city" as a general concept assumes the function of differentiating between a dense social community based upon heterogeneity and a country or national state. As such, it deletes (and rightly so) any connection to the empirical experience on which it is founded. On the other hand, there is Petersburg, Hamburg, Erfurt, or any other city name as a word with designating function. These designations refer to concrete, experience-based empirical societies. In giving a name, an existential community is perceived on a permanent basis, superseding actual inclusion in the sense of the incorporation of each individual.

In giving a name it becomes possible, for instance, to know much about Paris without ever having been there. When speaking of the city as an entirety, the city as a whole or the city as a unity, reference is made to a named temporary synthesis without an historical end logic. It is the form-giving interpretation of coherence based on agonistic processes. Another, nonetheless complementary, response to the question of conveyance of experience and the historical continuity of interpretation is the concept of institutionalization. A decisive dimension in creating a supra-individual experience of cohesion as a common culture is the habitual use of forms, codes, interpretation models, representations, and meaningful boundaries that have proven to be useful strategies in overcoming everyday challenges. Institutionalization is the process by which individual acts become categorical acts and individuals become categories.

The World Gains Significance in Cities

The provocative aspect is the observation that the world gains specific significance in its cities. Of course, we also exist within national state structures and global interdependencies, but the world is evident at the local level in all its pungency. One may confuse, enhance or shift the logics of the locality in art, but whatever becomes an element of collective philosophy is not infinite: i.e., the relativization of the past, present, and future, references made to ethnicity, class, age, and often also to gender and sexuality (for example San Francisco), field-specific logic such as the relativity of economics, culture, and religion (Jerusalem or Tel Aviv).

If one comprehends culture as forms, interpretation models, and meaningful concepts condensed into a common philosophy of life, then we exist simultaneously in varying cultural matrices. The city is one of them—a significant one. You may do many things in Berlin, Salzburg, or Düsseldorf, in Erfurt and Nuremberg, but not all of it makes sense. This is also true of the theater.

Literature

Berking, Helmuth (2008): „'Städte lassen sich an ihrem Gang erkennen wie Menschen' -– Skizzen zur Erforschung der Stadt und der Städte". In: Berking, Helmuth/Löw, Martina (eds.): *Eigenlogik der Städte*. Frankfurt am Main: Campus, pp. 15–31
Gadamer, Hans-Georg (1977): *Philosophische Lehrjahre. Eine Rückschau.* Frankfurt am Main: Klostermann

Ivana Paonessa

KULTURBAUSTEIN ODER: DIE NEUDEFINITION DES URBANEN RAUMES

Erfurt

Traditionell sind in den letzten Jahrhunderten Theaterbauten, Opernhäuser oder Konzerthallen neben Hauptkirchen, politischen Repräsentationsbauten und zentralen Einrichtungen für Handel, Bildung und Kultur zu wichtigen, städtebaulich prägenden Elementen in den Zentren der europäischen Stadt geworden. Das Innere der Stadt wird über die bauliche und räumliche Dichte ihrer Kulturbausteine erlebt, im Unterschied zum Auslaufen der Städte an ihren Rändern, die geprägt sind vom Übergang verdichteter innerstädtischer Strukturen in die Unbestimmtheit einer gleichförmigen, sich auflösenden Peripherie.

Sehr schön vermittelt der Nolli-Plan der Stadt Rom (siehe Zeichnung S. 86) die stadträumliche Bedeutung kultureller Bausteine im Stadtgrundriss. Sehen wir uns den Nolli-Plan näher an, erkennen wir, dass neben den weißen öffentlichen Stadtplätzen und Straßen auch sämtliche Kirchen, alle wichtigen Paläste und andere für die Stadtgeschichte bedeutsame Bauten im Grundriss im Stadtplan ebenfalls auf hellem Grund gezeichnet werden. Dies vermittelt dem Betrachter einen Eindruck zunächst einmal von der Größe der Bauten, ihrer inneren Struktur und Typologie. Nolli erkennt die Bedeutung der Verknüpfung von privatem und öffentlichem Raum für die Stadt.

Ein sehr modernes Konzept von Großstadtinterpretation spiegelt sich in dieser Art der Stadtplandarstellung wider, könnte man sagen: Alle zukünftigen großen Kulturdenkmäler sind im Zentrum bereits weitsichtig als öffentliche Orte in der Stadt dargestellt. Die Interpretation von Architektur als Teil öffentlicher Kultur und dessen Bezugnahme zum städtebaulichen Kontext eröffnet eine neue Sicht auf Stadtraum und Stadtöffentlichkeit.

Die Entwürfe für die Theaterlandschaft Augsburg, für die Musiktheater in Linz, Hamburg, Potsdam oder für das Theater in Erfurt nehmen Stellung zu dieser städtebaulichen Problematik und zeigen überraschende Interpretationen und Lösungsmöglichkeiten für die Entwicklung neuer Theaterstandorte im urbanen Netz auf.

Der Entwurf für das Musiktheater in Linz (Österreich) entwickelt eine neue Positionierung in der Diskussion um den Theaterstandort in der Stadt Linz: Hinwendung zur Donau, zum Wasser ist das Thema des Neubaus. Die aus der Landschaftsanalyse abgeleitete Erhaltung des Donauhanges wird Entwurfsprinzip zum Schutz eines Naturdenkmales. Die Verbindung der Stadt am Wasser mit der Stadt auf dem Berg findet statt über die in den Hang geschlagenen historische Kavernen mit ihren dramatischen inneren Treppenkorridoren, die allesamt zu einer expressiven Höhlenraumstaffelung im Inneren des Schlossberges restauriert und neu erlebbar zusammengefasst werden.

Die Vision von der Stadt auf dem Berg wird verbunden mit der Entdeckung des Flusses, des Hafens als Sehnsuchtsort im Tal. Hoch über der Stadt thront das Linzer Schloss. Die Schlossterrassen schieben sich über mächtige Stützmauern hinaus zum Donauufer. Unten befinden sich die Stadtpalaisbauten, die das Donauufer städtebaulich charakterisieren.

Ebenso wendet sich das neue Theater der Unterstadt, als neues Stadtpalais der Donau zu. Ein illuminiertes Donaufoyer verwandelt den Felsenhang in ein strahlendes Theater am Fluss. Mit dem neuen Opernfoyer wendet sich nun endlich auch die Oberstadt zur Donau.

Sämtliche Theaterfunktionen graben sich traditionell in den Berg ein. Sie verwandeln die Technik der alten Kavernen und Festungstunnelbauten der historischen Schutzbauwerke unter dem Schloss in eine neue, futuristische, nach außen lediglich rot glimmende Opernwelt des sichtbaren Saales. Tunnelaufgänge im Inneren des Theaterberges führen von der Donau direkt durch das neue Theater im Berg hinauf zum Ausgang ins Stadtzentrum der Oberstadt. Neu ist die städtebauliche Konzeption der Hinwendung eines Theaterbaus zum Wasser, zur Donau. Der Schutz des Schlosshanges als Naturdenkmal und die dramatische Inszenierung einer neuen Theaterwelt im Inneren eines ausgehöhlten Berges

CULTURAL COMPONENTS OR: THE NEW DEFINITION OF URBAN SPACE

Ivana Paonessa

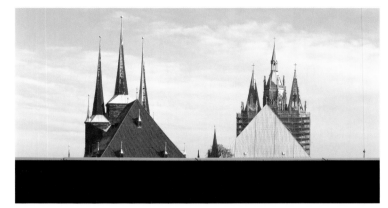

Theater Erfurt
Theaterbalkon
Theater balcony

In recent centuries, theater buildings, opera houses or concert halls, along with principal churches, representative political buildings and central facilities for commerce, education, and culture have traditionally been the leading characteristic urban elements in the centers of European cities. The inner city is interpreted by the structural and spatial density of its cultural components, as opposed to the outskirts of the city characterized by the transition from dense central urban structure to the vagueness of a uniform urban periphery.

The Nolli Plan of the city of Rome (see illustration p. 86) very well indicates the spatial significance of cultural components in the basic ground plan of a city. In looking at the Nolli Plan more closely, we discover that aside from the public city squares and streets in white, even churches, important palaces, and other meaningful edifices for the history of the city are indicated on a light background. This gives the viewer an impression of the size of the buildings, their inner structure, their type, and their significance within the organization of the urban space. One could say that this type of city blueprinting reflects a very modern concept of metropolis interpretation: all large central cultural monuments are very obviously represented and interpretable as public venues within the city. The public location of the cultural project and its positioning in reference to the city plan can initiate, through a modern interpretation of urban space and its public, completely new chains of thought and ideas on urban context.

The drafts of the theater area in Augsburg, of the music theaters in Linz, in Hamburg, in Potsdam, or of the theater in Erfurt are designed with reference to this issue in city planning and reveal surprising interpretations and solutions for the development of new theater locations within the urban network.

The draft of the musical theater in Linz, Austria introduced a completely new idea of positioning when discussing theater locations for the city of Linz: facing the Danube, facing the water is the theme of the new building. Derived from an analysis of the landscape, the idea of preserving the slope to the river and respecting the conservation of nature became the underlying principle in this draft.

The connection between the city on the water and the city on the hill is achieved by caverns chiseled into the slope with their dramatic inner stairway corridors, all expressively restored and newly perceivable as gradated caves within the castle hill. The view from the city on the hill is combined with the wistful discovery of the river and the harbor. High above the city, the Linzer castle stands in solitary splendor with its terraces spilling over mighty retaining walls on down to the banks of the Danube. There the palatial city buildings are located, characterizing the banks of the river.

Similarly, the new theater in the lower city faces the river. An illuminated Danube foyer transforms the rocky cliff into a radiant Theater at the Waterside. Now, thanks to the new opera foyer, the upper city finally turns toward the Danube.

As was tradition, all functions are engraved in the mountainside. The technology of the old caverns and tunnels of the fortress, built for their historical function as protective constructions under the castle, are converted into a fresh, futuristic world of opera in its visible form with only a red outer glow. Tunnel passageways lead from the Danube directly through the new theater in the mountainside up to their exit in the center of the upper city. This concept of turning a theater building toward the water, toward the Danube, is a new idea in city planning. The conservation of the hollowed slope of the castle as a nature reserve and the dramatic creation of a new theatrical world within these hollows are the gains. Yet this design is not simply a reproduction of the platonic

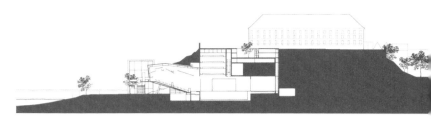

Theater Linz, 2000

sind der Gewinn. Ein nachgebautes platonisches Höhlengleichnis ist dieser Entwurf dennoch nicht. Es sind nicht die Schatten als Abbild einer Wirklichkeit, die das Publikum im Inneren der rot glühenden Höhle faszinieren; es ist die Wirklichkeit der Theateraufführung, welche die Zuschauer als ihre Realität erleben, deutlich sichtbar und dennoch von ihren Emotionen getrieben, einer Anerkennung der Wirkmacht der Bilder folgend.

Die innere Raumform, das System der unterirdischen Erschließungen mit ihren schrägen, sich kreuzenden Rampen um den Saal herum, könnte von Arbeiten von Giovanni Battista Piranesi inspiriert worden sein. Piranesi erprobte in seinen *Carceri* (1750) neue, komplexe und avantgardistische Raumkonzeptionen. In Linz formt Jörg Friedrich dies mittels der Überführung des Genius Loci in eine aufgeladene, künstlerisch gestaltete Höhlenraumplastik zu einer Theaterraumfolge im Inneren des Berges am Ufer des Flusses .

Ein Volksentscheid beendete am 26. November 2000 mit einer Mehrheit von 59,7 Prozent (bei einer Wahlbeteiligung von nur 50 Prozent) das Projekt des neuen Musiktheaters am Wasser endgültig.

allegory of the cave. It is not the shadow as a reflection of reality that fascinates the audience within the red gleaming hollow; it is the truth of the theatrical performance itself that the spectators experience as their reality, clearly visible and yet driven by emotions, in accordance with the powerful effect of the image.

The inner form of the auditorium, the system of an underground access with its diagonally crossing aprons around the hall, could actually have been inspired by Giovanni Battista Piranesi. Piranesi experimented with new, complex and avant-garde room concepts in his Carceri (1750). In Linz, Jörg Friedrich attempted the same by transporting the genius loci into an emotionally charged, artistically designed room sculpture and a theatrical series of rooms within the hill on the banks of the river.

On 26 November 2000 a referendum put an end to the project of the new Music Theater at the Waterside, with 59.7 percent voting against (only 50 percent of the population participated).

Theater Linz, 2000
Wettbewerb competition

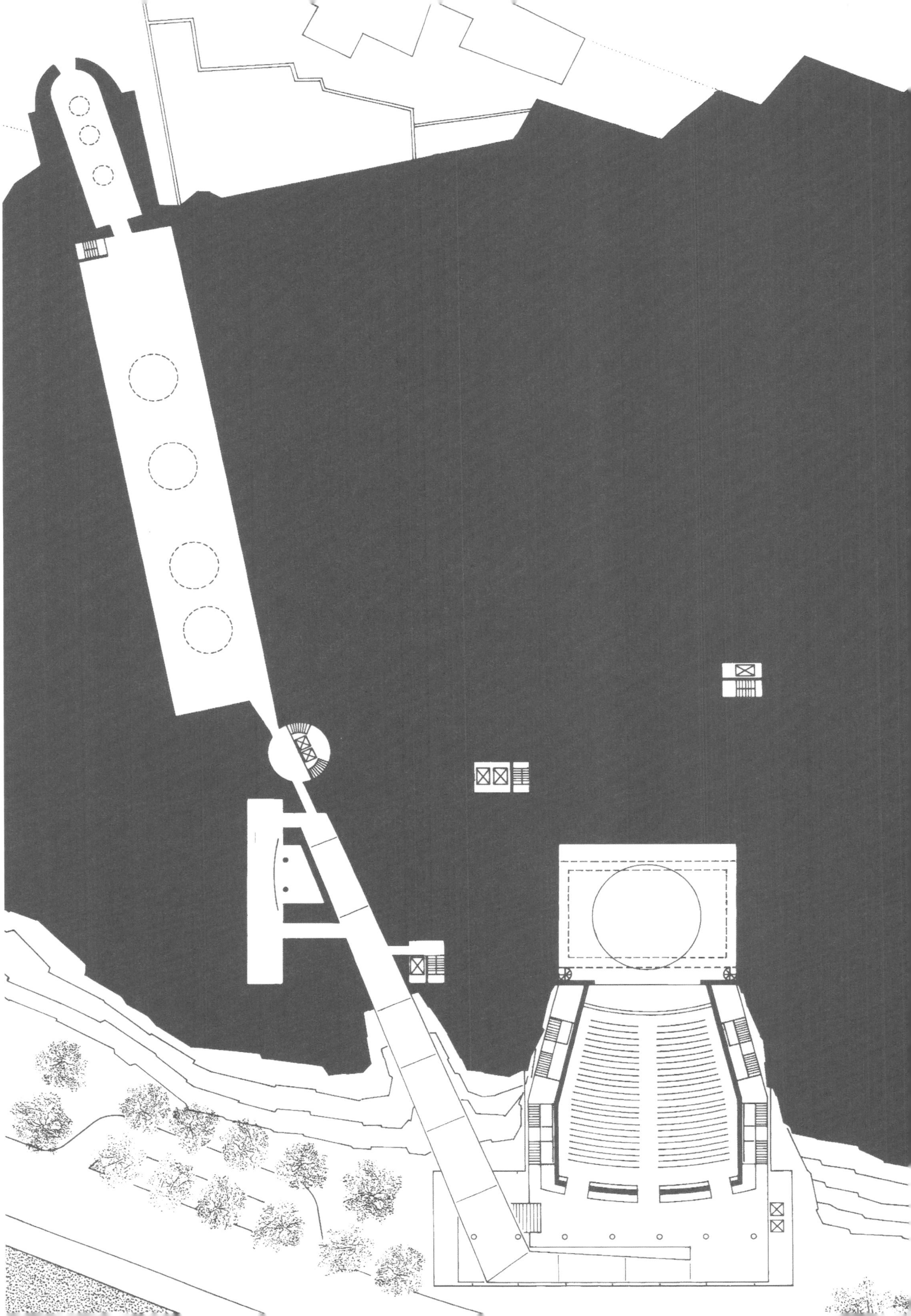

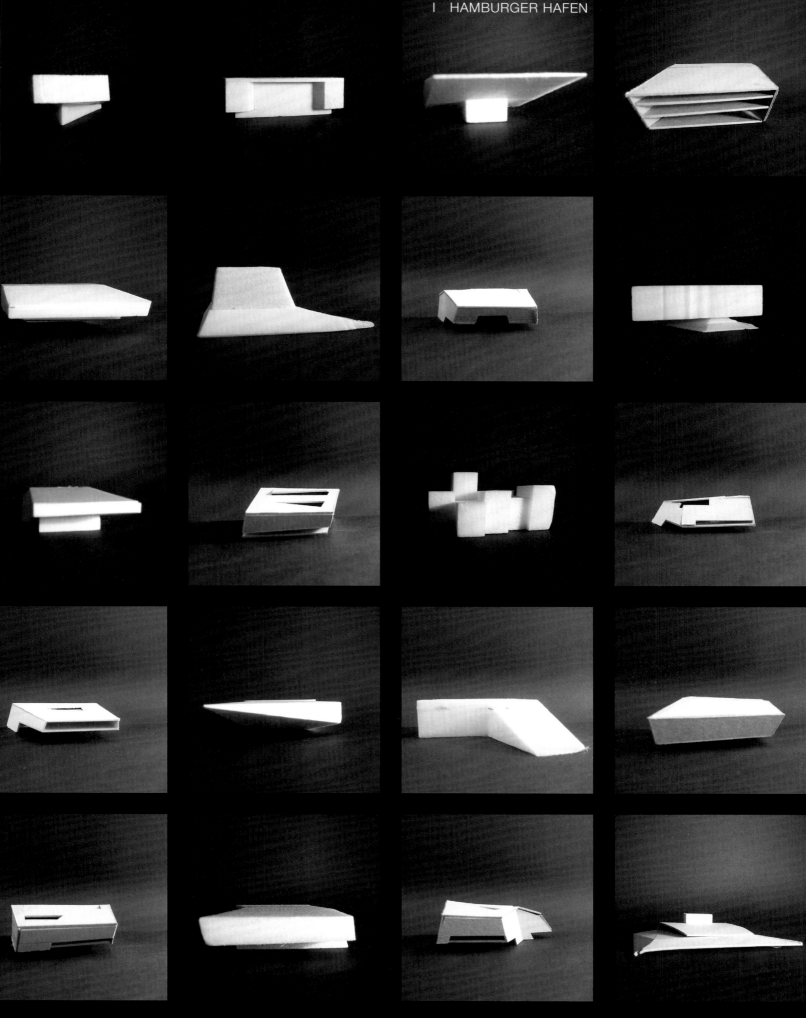

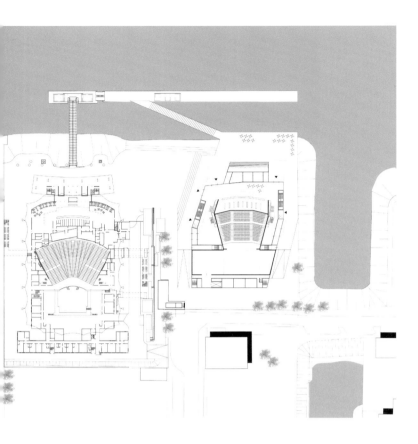

Musicaltheater, Hamburger Hafen Musical theater, Hamburg harbour
Modellstudien (S. 80–81) model studies (p. 80–81)

Ähnlich standortbezogen interpretiert der Entwurf für ein Musicaltheater im Hamburger Hafen die Entdeckung neuer Standorte für Theaterräume. Wieder ist es der Traum von der Stadt und dem Theater am Wasser, der zu einem Theaterstandort, hier mit dem „Sprung über die Elbe", geformt wird. Die Inszenierung einer Schifffahrt von der Stadt zu den Werften des Hamburger Hafens bis hin zum neuen Musicaltheater macht den Sprung über das Wasser vor jedem Theaterbesuch physisch erlebbar. Nach der Bootsfahrt öffnet sich das Foyer des Musicaltheaters den Besuchern mit einem grandiosen Blick über die Hafenlandschaft zurück auf die Stadt.

„Matrosen, Schiffe und Abenteuer bilden Elemente der Flucht vor der Zivilisation, weit weg in das Meer des Südens, (…), um dort neue Seelenregungen zu durchleben, um das Kleid des kultivierten Menschen abzustreifen, (…) um Abstand zu gewinnen vom zufriedenen, sesshaften, geregelten Leben."[1]

Der Zuschauer spürt diese Gedanken unbewusst. Die Architektur des Theaters bleibt solitär, gelagert, wie die Schiffe, die vorüber gleiten in die Ferne. Der Foyerraum weist jedoch mit seiner weiten, konstruktiven Auskragung über das Wasser zurück zur Kultur der Stadt und bedeutet dem Reisenden, dass seine Flucht aus der Stadtkultur über das Wasser in die Freiheit des Theaterraumes ein endlicher sein wird.

Auch beim Wettbewerbsprojekt für das Theater in Potsdam (1995) wird von Jörg Friedrich die Wasserlage städtebaulich als Standortvorteil interpretiert: Eine überdimensionierte Theatertreppe ist das architektonisch-städtebauliche Element, welches den gesamten Theaterbetrieb weit in den See rückt und ihn schwimmend zum Wasser orientiert. Neben den Inszenierungen im Inneren des Neubaus erlaubt die städtebauliche Konfiguration ergänzend Inszenierungen auf einer zukünftigen Wasserbühne. Die Zuschauer sitzen dabei im Freien auf der Theaterfreitreppe, die unter sich die geschichteten Foyers birgt. Sie blicken auf die Wasserbühne und erleben die Magie des Standortes zweifach: Sowohl aus den Foyers zum Saal als auch darüber von den Theatertreppen hinaus zur Freilichtbühne über das Wasser des Sees.

Similarly, location-oriented and a novum in city planning, the drafting of a musical theater to be constructed in the Hamburg harbor is an interpretation of the search for new venues for theaters. Again, it is the dream of the city and the theater at the waterside that guides the selection of the location of the theater, here just a "jump across the Elbe." The stage-managing of a boat trip from the city to the shipyards and on to the new musical theater enables that jump across the water to visit the theater to become reality. In the follow-up, the theater hall reveals to its visitors a spectacular view back across the harbor to the city.

"Sailors, ships and adventure constitute the elements of flight from civilization into far-away southern seas … to experience new emotions, to drop the apparel of the cultivated human being … in order to distance oneself from a satisfied, sedentary and orderly way of life."[1]

The spectator senses these thoughts subconsciously. The architecture of the theater remains solitary, laden just as the ships gliding by into the distance. The front hall, with its wide, constructed protrusion over the water, reminds one again of the culture of the city and indicates to the traveler that his/her flight from that city culture across the water into the freedom of the auditorium will be finite.

The competitive project for the theater building in Potsdam (1995) also interpreted the water site as an advantageous location within the urban plan: an oversized theatrical staircase is the architectonic element that pushes the whole theater production out to sea, placing it swimming in the water. Aside from the productions inside the new building, this urban configuration additionally enables presentations to be held in the future on an aquatic stage. The spectators sit on the open stairway sheltering the many-leveled foyers beneath. In viewing the aquatic stage, they experience the magic of the location twofold: from the foyers to the auditorium and from the theater staircase out to the open stage above the water of the lake.

Theater Erfurt

Eine radikale städtebauliche Disposition bestimmt die Standortent-
scheidung für den Neubau des Theaters in Erfurt und die Interpretation
neuer Stadträume. Von Erfurt gibt es Stadtdarstellungen, die die mittelalterliche Stadt in beeindruckenden Ansichten zeigen. Man sieht die
Topografie der Stadt mit dem alles dominierenden Domhügel, mit der
Severikirche und dem Dom und der darunter im Tal am Fluss einge-
betteten Handelsstadt mit einer Vielzahl weiterer Kirchen. Diese bilden
gemeinsam mit den Bürgerhäusern das Zentrum einer prosperierenden
Handelsstadt, die sich mit einer wehrhaften Mauer deutlich nach drau-
ßen abgrenzt. Das Zentrum, damals noch geschützt von den Mauern,
wird Ende des 19. Jahrhunderts Ort bürgerlicher Theaterkultur und sä-
ter Standort des Theaterneubaus „Am Hirschgarten".

Seit langer Zeit ist der Hirschgarten der traditionelle Ort für Theaterkultur. Er führt mit seiner zentralen stadträumlichen Einfügung öffentliche Wege und Plätze im Stadtgrundriss am historischen Theaterstandort zusammen. Hier ist der Standort für den Neubau des Erfurter
Theaters vorgesehen, der einen maroden, in die Jahre gekommenen
Vorgängerbau am selben Standort im Zentrum der Unterstadt erset-
zen soll.
1998 gewinnt Jörg Friedrich den international ausgelobten Realisie-
rungswettbewerb für das neue Erfurter „Theater am Hirschgarten". Die
Freude über den ersten Preis hält nicht lange vor. Drastische Kürzun-
gen der öffentlichen Kulturhaushalte, die hohe, kostenaufwändige The-
aterdichte in Thüringen, die jahrhundertalte Standortkonkurrenz zum

A radical disposition in urban planning was the determining factor in deciding on the location of the new theater building in Erfurt and the resulting interpretation of newly acquired urban space. Drawings exist of the city of Erfurt with impressive views of the medieval city. This is because of the topography of the city, its dominating cathedral hill with the Severin church and the cathedral itself and the city of commerce nestled in the valley below along the river with numerous other churches. They constitute, together with the homes of the merchant families, the center of the prosperous trading center that is clearly fortified by a defending wall against outside intruders. This city center, formerly protected by the wall, is now the location of civic theater culture and the venue of the new theater building, Am Hirschgarten (In the Deer Garden).

For many years the Hirschgarten has been the traditional location for theater culture, with its central urban configuration combining public walks and squares in the ground plan of the city at the historic site of the theater. This site has been selected as the location for the new Erfurt theater building which is to replace the previous older and shabby building at the same site in the center of the lower city.

In 1998 Jörg Friedrich won the international competition for the constructional design of the new Erfurt Theater Am Hirschgarten. However, the joy over the first prize was of short duration. Drastic reductions in the public budget for culture, the considerable and costly density of theater buildings in Thuringia, the century-old competition between Erfurt and its "arch-enemy," Weimar, with an almost identical theatrical orientation

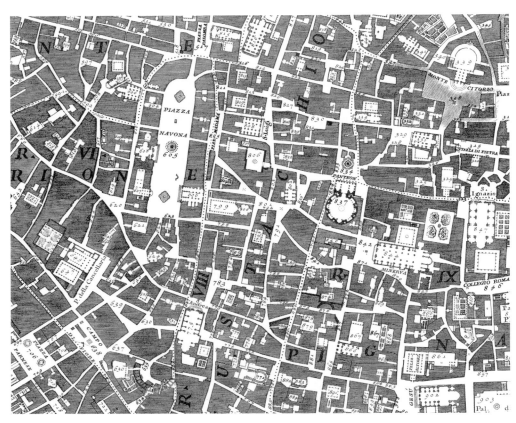

Nolli-Plan Rom, 1748 (Ausschnitt) Nolli plan of Rome, 1748 (detail)

„Erzfeind" Weimar mit einer nahezu gleichen Theaterausrichtung in un-
mittelbarer Nähe lassen die Träume vom Neuen Musiktheater Erfurt am
Hirschgarten bald einer realistischeren Einschätzung für die Realisierung
eines Theaterneubauprojektes im Zentrum der Stadt Erfurt weichen.
Eine Welle des Widerstandes unter den Theatern in den betroffenen
Städten macht sich breit. Die Realisierung eines Neubaus scheint kaum
noch realistisch. Der Kulturbaustein ist Teil einer politischen Debatte.
Eine brillante Idee führte den Theaterneubau, die Standortfrage und ein
ungelöstes, drängendes städtebauliches Problem der Stadt Erfurt zu-
sammen: Brachliegende, stillgelegte Industrieareale und zerstörte, auf-
gelassene Fabriken aus DDR-Zeiten auf schadstoffverseuchtem Grund
unmittelbar hinter dem Dom am so genannten Brühlgelände blockieren
seit Jahren die Stadtentwicklung Erfurts im Norden des Petersberges.
Eine bauliche Sanierung des Areals der in Konkurs gegangenen Optima-
Werke war ausgeschlossen. Was tun?
Der Stadtrat entschied, den Neubau der Oper Erfurt auf dem Optima-
Fabrikgelände am Brühl anzusiedeln. Das Theater sollte als erster Kulturbaustein Anreiz für einen langfristigen Stadtumbau und zeichenhafter

Beginn für den Umbau eines ehemaligen Fabrikgeländes zu einem neu-
en Stadtviertel sein.
Die ungeahnten stadträumlichen Qualitäten des Standortes erkennt man
erst richtig nach dem Abriss der trennenden Fabrikgebäude. Mit einem
Mal öffnet sich der Blick auf den gesamten Domhügel neu und ist von
Norden im Stadtzusammenhang erlebbar. Das neue Theater liegt dem
Domhügel zu Füßen und öffnet seine Foyerfassade zu dem kirchlichen
Baudenkmal aus dem Mittelalter.
Neue Stadträume, Plätze und Straßen gliedern das neue Viertel in Ho-
telquartiere, Wohn- und Verwaltungshöfe und Sondernutzungen wie
Mehrgenerationenhäuser, die ebenfalls um Höfe angeordnet werden.
Der Schatz des vergifteten, verrohrten Baches wird gehoben, er wird
geöffnet und neue Uferauen werden zu parkähnlichen öffentlichen Ufer-
terrassen ausgebaut und neu gestaltet. Sie binden das gesamte Quartier
mit dem neuen Theater und den separaten Werkstätten zu ungeahnten
urbanen Platzfolgen zusammen.
Allmählich wird aus dem Sanierungsfall „Industriebrache Am Brühl" ein
Stück neue Stadt mit einem öffentlichen Theaterneubau im Zentrum;

Erfurt , *Schedel'sche Weltchronik*, 1493

in the immediate vicinity let the dream of a new music theater for Erfurt at the Hirschgarten soon give way to a more realistic appraisal of the possibility of actually constructing a new building in the center of the city. A wave of opposition spread among the theaters in the area. The realization of a new edifice appeared to be hopeless. The question of culture became an issue in the political debate. A brilliant idea then coordinated the idea of the new theater building, the question of location and an unsolved pressing urban problem of the city of Erfurt: uncultivated, unused industrial areas and abandoned and destroyed factory buildings from German Democratic Republic (GDR) times located on contaminated grounds directly behind the cathedral, known as the "Brühl Grounds," blocked for years the urban development of Erfurt north of the Petersberg (Peters Mountain). Structural redevelopment of the buildings of the bankrupt Optima factory was out of the question. What could be done? The city council then made the decision to locate the new Erfurt opera building at the site of the old Optima factory. The theater, as the first cultural constituent, was to be an incentive for long-term city renovation and a symbolic beginning of the reconstruction of

the former factory grounds into a new city district. The undreamt-of urban qualities of the site could only be recognized after the demolition of the dividing factory buildings. Suddenly, the view of all of cathedral hill was opened anew, letting it be perceived as a part of the city from the north. The new theater lies at the foot of the cathedral hill and faces with its foyer this religious monument of the Middle Ages.

Modern city districts, squares and streets subdivide the new district into hotel areas, residential and administrative clusters, as well as into districts for special use, such as multigenerational residences also arranged around inner courtyards. The treasure of the little brook, polluted and enclosed in pipes was raised and set free. Fresh meadows along the banks were expanded and newly designed as public terraces, similar to park areas. They connect the whole district with the new theater and the separate workshops along the coastal terraces to a lovely undreamt-of urban sequence. Slowly but surely, this shabby field in need of renovation—"the industrial fallow 'Am Bruehl'"—has become a part of the city with a new public theater in its center, only minutes away from the famous cathedral steps and the medieval "Kraemer bridge."

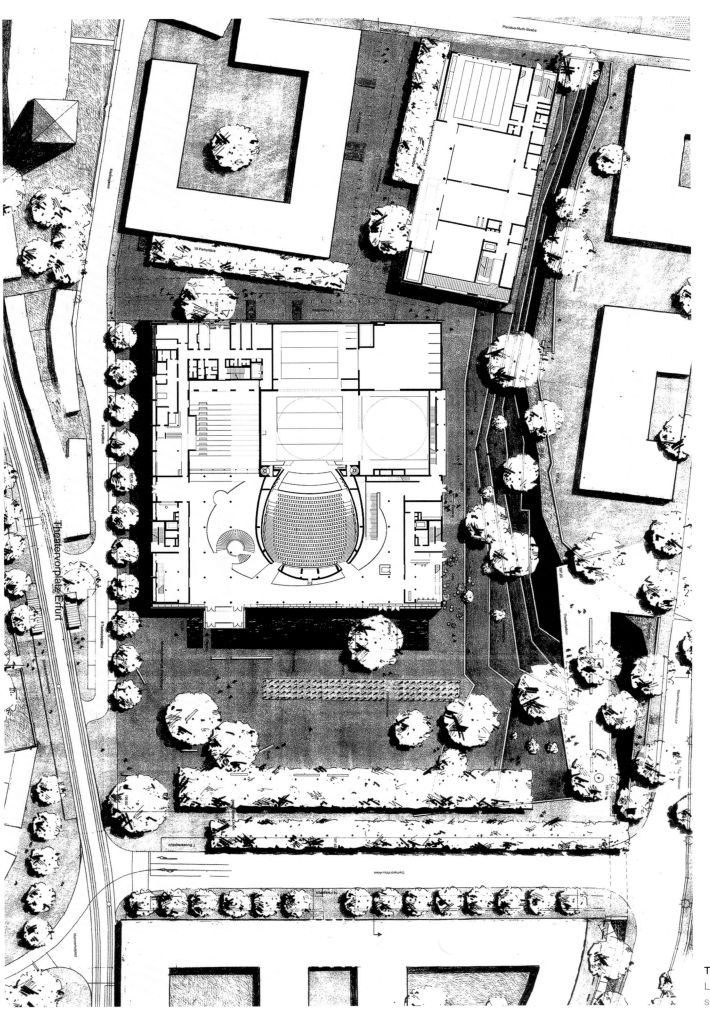

Theater Erfurt
Lageplan
site plan

wenige Minuten entfernt von den berühmten Domtreppen und von der mittelalterlichen Krämerbrücke.

Die Verflechtung der Innenräume des Kulturbausteins „Theater" mit dem öffentlichen Stadtraum zu einer neuen urbanen Gesamtraumkomposition ist in den Erdgeschossgrundrissen ähnlich wie im Nolli-Plan von 1750 anschaulich ablesbar. Das Prinzip des Hauses am neuen städtebaulichen Ort, in dem überall gespielt werden kann, hat sich bewährt: Nicht nur das Große Haus, die Studiobühne oder die Bühnenbereiche werden bespielt, sondern auch das kleine Freilichttheater tief im Inneren des Hauses sowie die Werkstätten, Ateliers und Probebühnen. Sogar die Technikräume im Untergeschoss werden als Aufführungsorte genutzt und eindrucksvoll bespielt: Das totale Theater vom Konzept bis zur Umsetzung wurde ein dauerhafter Erfolg. Als erster Sanierungsbaustein im städtebaulichen Niemandsland mit Blick auf den Dom öffnet das Theater den Beginn für die Entwicklung eines völlig neuen Stadtquartier mit ungeahntem Leben und neuem Potenzial für das Konzept des Kulturbaus und seiner Verwebung im öffentlichen Stadtraumgefüge.

Anmerkungen
1   Paonessa, Ivana: „Der Mensch und das Bild des Meeres". In: *Der Traum von der Stadt am Meer*. Hamburg 2005, S. 32

The interweaving of the inner rooms of the cultural component, "theater," with the public space of the city, comprising a totally new urban constellation, can easily be recognized in the ground floor blueprints, similar to the Nolli Plan of 1750. The principle of the house at its new urban location, in which presentations can be given anywhere throughout, has proved its worth, namely that theater take place not only in the Great Auditorium, on the studio stage or backstage areas, but also in the small open-air theater deep in the realms of the building, in the workshops, studios, and rehearsal rooms. Even the technical facilities rooms in the lower level are effectively and impressively used. The idea of "total theater" has been a permanent success, from its inception to its final realization. As the first building block in renovating the urban No Man's Land, with its view of the cathedral, the theater opened the door for the development of a completely new city district with unsuspected vivacity and fresh potential through the concept of a cultural edifice entwined within the structure of urban public space.

Notes
1   Paonessa, Ivana: "Der Mensch und das Bild des Meeres" (Man and the Image of the Sea). In: *Der Traum von der Stadt am Meer*, Hamburg 2005, 32

Theater Erfurt
Längsschnitt longitudinal section

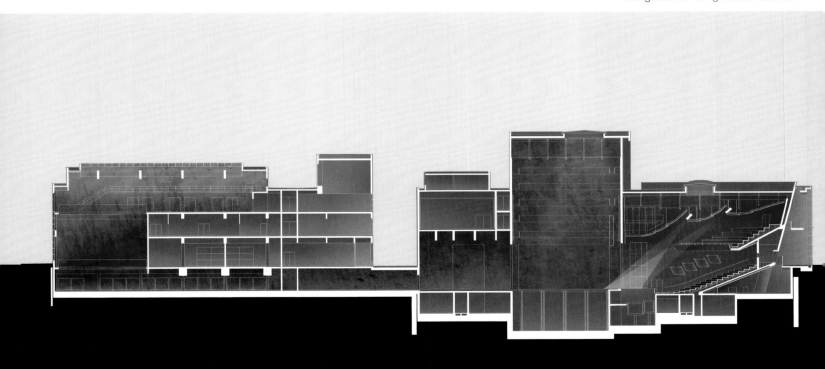

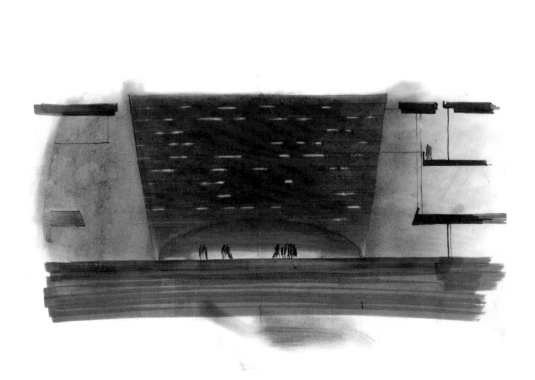

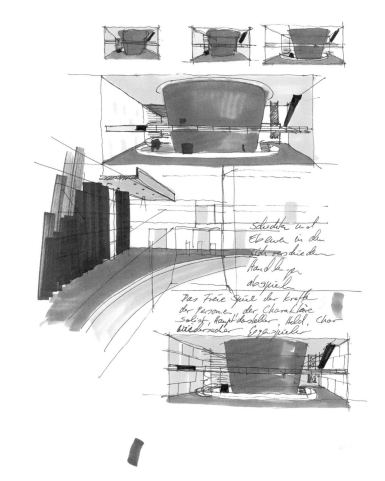

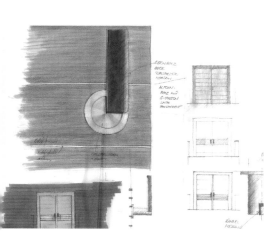

Theater Erfurt
Skizzen sketches

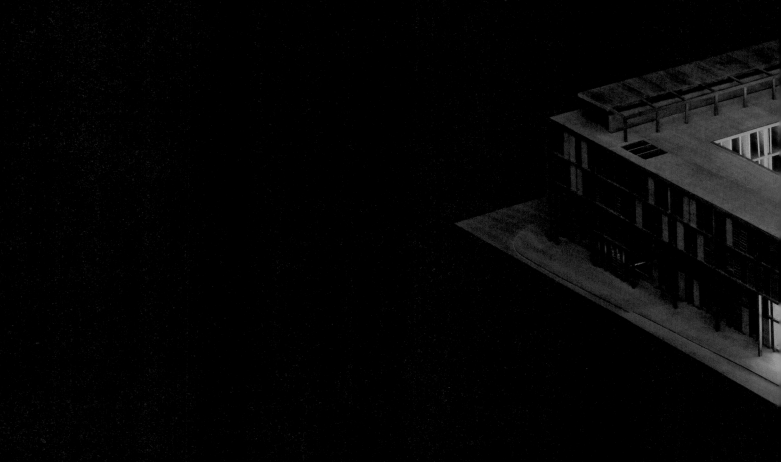
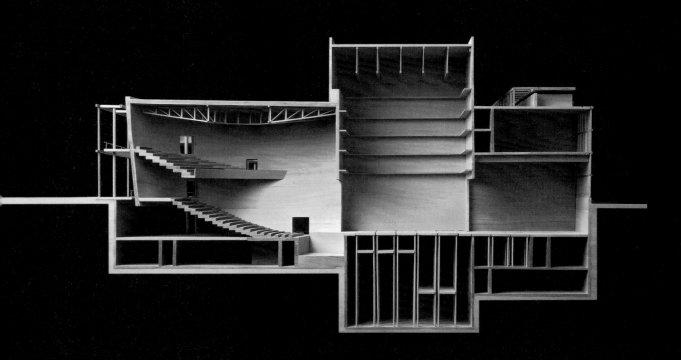

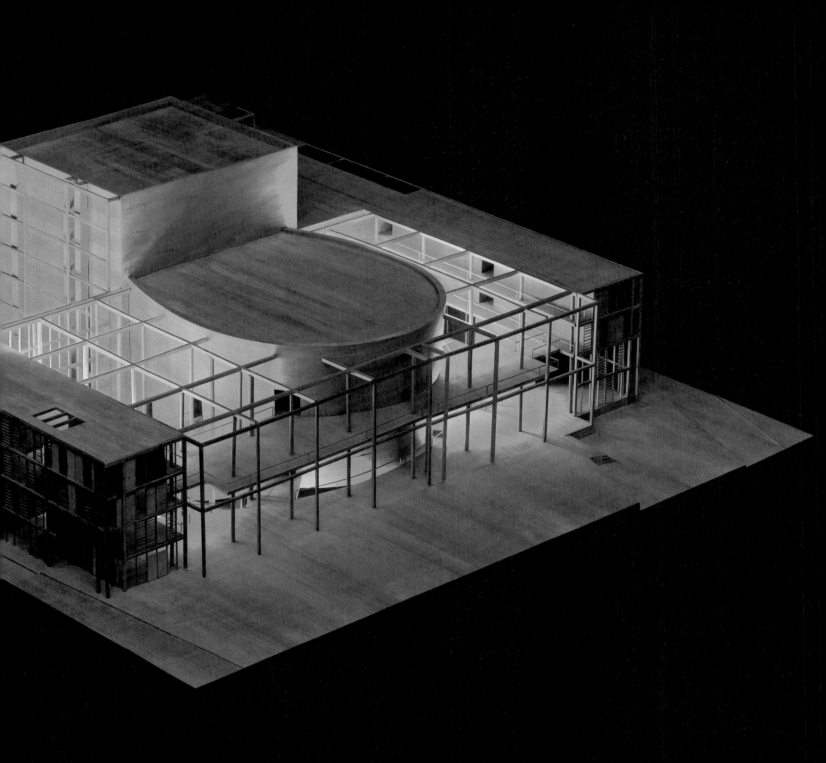

Theater Erfurt
Modellstudien model studies

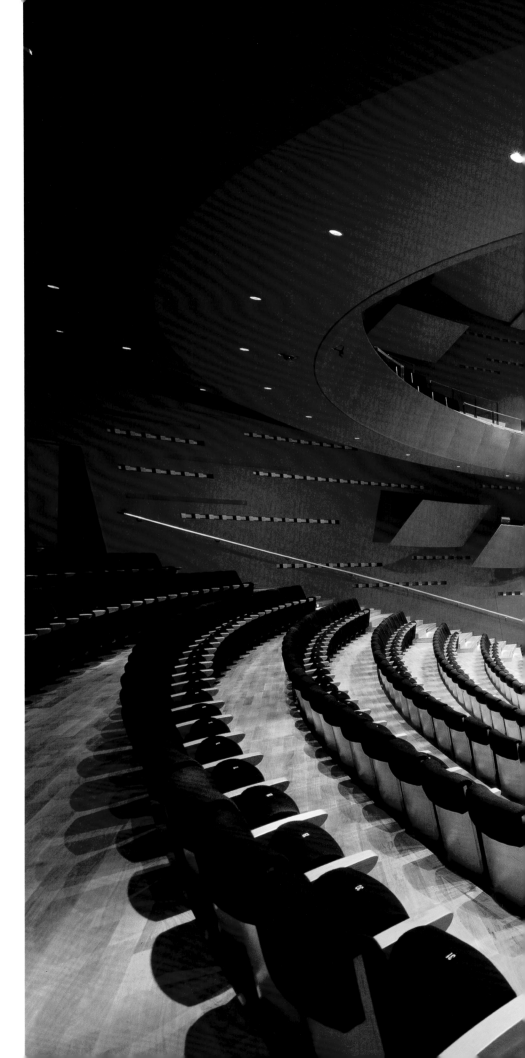

Großer Saal
Great auditorium

Chorprobe
Choir rehearsal

Atrium

Theaterwerkstätten Theater workshop

Aufbauraum Preparation room

Theaterwerkstätten Theater workshop

DIE TOTALE SPIELSTÄTTE

Guy Montavon

Theater Erfurt
„Mefistofele", 2009

Guy Montavon

THEATER AS SPACE

Als das Angebot an mich herangetragen wurde, die Generalintendanz des Theaters Erfurt zu übernehmen, führte mich mein Weg schnell nach Hamburg ins Büro von Jörg Friedrich und seinem Team pfp-architekten. Als ich dort das Modell des Theaterneubaus sehen konnte, war sofort klar, welch faszinierende Möglichkeiten dieser Bau bieten würde.

Heute, nach beinahe acht Jahren Kohabitation mit diesem Arbeitsgerät, bin ich immer noch täglich beeindruckt von der Großzügigkeit und Zweckmäßigkeit des Gebäudes; jeder Quadratmeter ist durchdacht.

Die Architektur hat zunächst ihre eigene ästhetische Wirkung, generiert aber darüber hinaus Herausforderungen an uns als die Nutzer. Die Modernität des Gebäudes muss – so bin ich überzeugt – ihre Entsprechung im Spielplan und der szenischen Ästhetik haben.

Mit der jährlichen großen Opern-Uraufführung setzten wir einen starken und einzigartigen Akzent auf der Innovation im Musiktheater. International renommierte Szenografen erfanden Bühnenräume, die auf vielfältige Weise auf den tradierten und durch seinen Farbverlauf neu definierten Bühnen-Guckkasten reagierten. Die Architektur von Bühnen und Zuschauerraum schließt dabei traditionelle Inszenierungsformen nicht aus, versieht sie aber wie selbstverständlich mit Anführungszeichen, die uns immer sanft an unsere Gegenwart erinnern. Dies wurde besonders deutlich in dem Doppelprojekt, das in einer Spielzeit zwei grundverschiedene Inszenierungen von Humperdincks *Hänsel und Gretel* vereinte: eine im Stil der Uraufführung mit Typendekorationen des 19. Jahrhunderts und eine zweite nur für Erwachsene, die Abgründe in unserer Gegenwart sinnfällig werden ließ.

Mein persönliches Highlight war die Uraufführung von *Waiting for the Barbarians*, ein Auftragswerk des Theaters Erfurt vom großartigen amerikanischen Komponisten Philip Glass, das sich in den Bühnenbildern von George Tsypin für immer im Gedächtnis der begeisterten Besucher eingegraben hat und unser Haus weltweit bekannt gemacht hat.

Dass wir mit unserer Programmatik auf dem richtigen Weg sind, belegt der konstant hohe Zuspruch der Besucher, der, so kann man nun schon sagen, nicht mehr nur der Neugier auf ein neues Theatergebäude geschuldet ist.

Nicht alle Wünsche der Theatermacher konnten beim Bau realisiert werden, schmerzhafte Einschnitte ergaben sich durch Einsparungsbeschlüsse während des Baus. Ich vermisse vor allem die linke Seitenbühne, die die bühnentechnischen Anlagen idealerweise komplettiert hätte, doch mit den realisierten Räumen inklusive rechter Seitenbühne und Hinterbühne sind wir immer noch sehr gut aufgestellt. Der Wegfall einer Seitenbühne hatte immerhin den positiven Effekt, dass ein offener Innenhof entstand. Schnell entstand die Idee, dort mit dem Theatrium eine weitere Spielstätte einzurichten. Dem Konzept einer totalen Spielstätte vom Keller bis zum Dach sind wir auch sonst recht weit gefolgt, die Unterführungen im zweiten Kellergeschoss mit Kunst und Häppchen haben sich sogar als eine der begehrtesten Veranstaltungsformen erwiesen.

Konzeptionelle Theaterarchitektur fordert ihren Preis. Keine guten Erfahrungen haben wir mit dem Foyer als Spielstätte gemacht. Genau wie die Architekten uns während der Planungsphase vorgewarnt haben. Denn: Eigens für das Erfurter Theater wurde von den Architekten eine dynamisch-flexible Akustik für das Foyer neu erfunden. Für jeden Veranstaltungszweck sollte mit beweglichen, elektronisch steuerbaren Akustikelementen innerhalb der Foyerdecke die adäquate Akustik sichergestellt werden. Eine faszinierende Vorstellung für uns als Theatermacher. Die seinerzeit politisch geforderte Einsparung spüren wir bis heute schmerzlich: Die ästhetisch wunderbare Wirkung des Foyers mit seinen schlanken Säulen und der spektakulären Wendeltreppe hat die negative Konsequenz, dass der Raum akustisch nicht beherrschbar ist und so manche Idee von Kammerkonzert oder Talkshow sich dort nicht realisieren ließ. Schade, dennoch sind wir optimistisch: Die geplante bewegliche Akustikidee kann jederzeit nachinstalliert werden. Hier brauchen wir Unterstützung. Wer hilft?

Doch an bespielbaren Räumen herrscht kein Mangel: Neben dem Großen Haus nutzten wir die Studiobühne ganzjährig für kleiner dimensionierte Werke des Sprech- oder Musiktheaters. Und bei Bedarf gibt es dann ja noch außer dem Theatrium den Orchester-Probensaal und die Montagehalle für außergewöhnliche Veranstaltungen.

Ich bin daher ein glücklicher Intendant, denn ich kann meinen Mitarbeitern einen Arbeitsplatz bieten, der seinesgleichen sucht und dem Publikum einen Ort, an dem unter idealen Sicht- und Hörbedingungen Kunst erlebt werden kann.

Theater Erfurt
„Warten auf die Barbaren", 2005
"Waiting for the Barbarians," 2005

Theater Erfurt
„Luther", 2003

Theater Erfurt
Technikraum
technical facilities room

When I was offered the position of General Manager of the Erfurt Theater, my first reaction was to make a quick trip to the offices of Prof. Friedrich and Partners in Hamburg. In viewing there the model of the new theater building, I immediately realized what fascinating possibilities this new edifice would present. Today, after almost eight years of cohabitation with this facility, I am still regularly impressed by the spaciousness and suitability of the building; every square meter has been appropriately designed.

Initially, the architecture makes its own aesthetic impression, but beyond that it also represents a challenge for us as its users. It is my conviction that the modernity of the building must be reflected in the theater program as well as in the aesthetic effects on stage.

In our annual first-night opera productions performed on a large scale, we placed a strong and unique accent on innovation in musical theater. Internationally recognized scenery designers created spaces on stage that were in many ways a reaction to the traditional, and yet by means of color scheme a newly defined proscenium. The architectural design between the stage and the audience does not exclude traditional forms of production, yet reminds us gently, of course in quotation marks, of our own present times. This was particularly obvious in the double project uniting in one season two entirely different productions of Humperdinck's *Hansel and Gretel*, one in the manner of the original nineteenth-century production with its typical stage settings, and a second for adults only, clearly manifesting the depths of human behavior in present times.

My personal highlight was the premier production of *Waiting for the Barbarians*, a play written by the wonderful American composer, Philip Glass, commissioned by the Erfurt Theater. With its stage settings by George Tsypin, this production engraved itself eternally in the minds of the enthralled audience and sealed the international reputation of our theater. The fact that we are on the right path in our programming is evident by the constantly high acclaim of the spectators, which—one can definitely state—is no longer based on plain curiosity concerning the new theater building.

Not all the ideas of the theater personnel could be carried out during construction; painful cuts had to be made due to decisions on cost reduction made during the building process. I personally miss most the left side wing, which would have ideally complemented the technical stage installations. However, with the space we have available, including the right side wing and the backstage area, we are still very well served. At any rate, the absence of a side wing resulted positively in the creation of an inner courtyard, and the idea of establishing a further stage area with the Theatrium quickly came up. On the whole, we have quite closely followed the concept of a total stage setting, from top to bottom, whereby the underpasses on the second lower level with their combination of culture and snacks have proven to be one of the most popular locations.

In concept, theatrical design has its downfalls. Our experience with the foyer as a performance area has not been good—exactly as the architects had warned during the planning phase. A dynamic, flexible acoustic system was newly designed, especially for the foyer of the Erfurt Theater. With the deployment of mobile, electronically controlled sound elements in the ceiling of the foyer, every type of event was to be assured its own individualized acoustics—a fascinating idea for us as theater producers.

Its elimination due to a politically required cost reduction has painful repercussions even today; the wonderful aesthetic design of the foyer with its slender columns and its spectacular spiral staircase has, as a negative consequence, uncontrollable acoustics in this space. Thus, we must forego many an idea of chamber music or a talk show, for instance. This is unfortunate, but we remain optimistic: the planned maneuverable acoustic system may yet be installed at a later date. In this respect we are in need of support. Who can help?

However, there is space enough for performances: aside from the "Grosses Haus" (main theater), we utilize the studio stage all year long for smaller theatrical and/or musical productions. And on occasion there are, in addition to the Theatrium, the rehearsal room for the orchestra and the assembly hall for out-of-the-ordinary events. I am, therefore, a very pleased director, for I can offer my employees an unparalleled working place and the audiences an environment in which art can be experienced under ideal visual and auditory conditions.

WEITERBAUEN UND ERGÄNZEN

EXPAND AND ENHANCE

Schauspielhaus Nürnberg
Entwurf design: Jörg Friedrich

Ivana Paonessa

DAS WACHSENDE THEATER

Theater Wolfenbüttel
Wettbewerb competition 2007

Nürnberg

Theaterbauten aus vergangenen Epochen altern, verkommen oder werden unbrauchbar. Sie sind immer schwerer zu bespielen oder sie sind technisch überaltert. Sie werden zu klein, Abläufe in den Häusern sind nicht mehr auf zeitgenössische Bedürfnisse und Tarifverträge abgestimmt. Die Diskussion über das, was Theater heute sein könnte, sein müsste, sein dürfte, hat ebenfalls ihre Rückwirkungen auf architektonisch-räumliche Nutzungskonzeptionen vorhandener Altbauten: Ansprüche an das Theater seitens des Publikums und der Theatermacher verändern sich laufend. Kurz: Theaterbauten müssen sich auch nach ihrer Fertigstellung einem ständigen Wandlungsprozess stellen.

Dabei erfüllen die urbanen Standorte von älteren Theatern oftmals am Besten die Wünsche ihrer Benutzer: Die Theater liegen, aufgrund ihrer Geschichte, oft richtig im Zentrum städtischer Gesellschaften und bereichern damit die Zentren städtischer Räume. Transformationsprozesse sind erforderlich unter Beibehaltung der unschätzbaren Lagegunst.

Zur Rettung des Standortes werden oft beengte Verhältnisse in Kauf genommen. Damit gestalten sich die Transformationsprozesse schwieriger als der Neubau eines Theaters. Sie sind eine Herausforderung an die Kreativität der Theatermacher, wenn sie an den alten Orten spielen müssen, und an die Architekten, wenn sie erinnern, am bestehenden Objekt ergänzen und weiterbauen wollen zum zukünftigen Theaterbau. Im Theaterprojekt Wolfenbüttel verbietet die denkmalgeschützte Fassade des historischen Theaterbaus den Architekten die erforderliche Erweiterung des Foyers. Also wird ein Seitenflügel erfunden, der eine neue Raumspannung zum bestehenden Altbau erzeugt und ein neues Stadtfoyer seitlich des Altbaus platziert, mit dem Erfolg, dass über den Ergänzungsbau eine völlig neue öffentliche Erschließung nicht nur des Saals, sondern auch der Hinterbühnenbereiche und weiterer Backstageflächen ermöglicht wird.

Die Bespielbarkeit eines klassischen Guckkastentheaters wird über die konzeptionelle horizontale und vertikale Aufsplittung des neuen Erschließungsgebäudes in verschiedene Schichten und Netzkonfigurationen um ein Vielfaches erweitert. Das vorhandene Theater wird sorgfältig in seinen Stilmerkmalen erhalten und rekonstruiert oder – wenn nicht mehr vorhanden – behutsam um neue Architekturelemente ergänzt und an Raum- und Funktionsbedürfnisse eines modernen Kulturbetriebes angepasst.

Der Transformationsprozess eines alten 50er-Jahre-Kinos zum „Neuen Schauspielhaus" in Nürnberg ist die Chance auf einen neuen Stadtbaustein, der die Erinnerung an seine Geschichte mit sich trägt, diese in die Gegenwart transportiert und dem Theater zudem genug Offenheit lässt, seine eigene Zukunft in der Stadt zu formen.

Der Umbau ist eine Chance zum Weiterdenken. „Man kann sich fragen, welche Barrieren die Institution Theater eigentlich hat, welche strukturellen, unsichtbaren Hürden, die ich verändern kann? (…) Diese Veränderung ist ein kreativer Prozess, wenn sie im Interesse des Theaters selbst geschieht – es ist eine Gestaltung der Zukunft".[1]

Das Schauspielhaus hat seine Geschichte in Nürnberg. Der Entwurf von Jörg Friedrich versucht, sie aufzuspüren und sichtbar zu machen, weiterzudenken und zu transformieren in eine Architektur der Angemessenheit. Archivbilder zeigen den Bau des Nürnberger Schauspielhauses vor seiner Zerstörung im Zweiten Weltkrieg. Sie bilden einen selbstbewussten, mehrgeschossigen Portalbau ab, der an der Seite des Opernhauses das Thema zweier Kopfbauten am Richard-Wagner-Platz mit seinem städtischen Foyer mustergültig im Sinne des Städtebaus des späten neunzehnten Jahrhunderts formuliert.

Die Amerikaner bauten stattdessen nach dem Krieg für ihre Soldaten ein enges kleines Kino am selben, zerstörten Standort; unglückliche Erweiterungen in den darauffolgenden Jahrzehnten schafften es immer

Ivana Paonessa

THE EVOLVING THEATER

Theater buildings of former times age, are in need of repair, or can no longer be used. It becomes increasingly difficult to utilize them for theatrical performances, as they are also technically outdated. They are often much too small. Neither do productions in these theaters meet modern requirements, nor do they conform to contemporary contract agreements. The discussion on what theater could, should, or must represent today also reflects upon the use of architectural and spatial concepts of existing older buildings. Demands placed on the theater by the audiences and by the production crew as well, also change with time. In short: theater buildings, even after their completion, must be able to adapt to the process of constant change.

The urban locations of older theaters often best fulfill the desires of their audiences; the buildings frequently lie—based on their history—right in the middle of the municipal community, thereby enriching the centers of the city area. Transformation processes are necessary, but under the condition that the invaluable asset of location be retained.

In order to salvage the site, constraints and cramped conditions are often accepted. Thus, transformation processes turn out to be more difficult than the construction of a new theater. This is a challenge to the creativity of the theater crew when performing at the old sites, as well as to that of the architects when reflecting, expanding the existing object and continuing to construct a theater building for the future.

In Wolfenbüttel, the classification of the theater building as an historical monument prevented the architect from carrying out the requisite expansion of the foyer. A side wing was therefore designed, stretching the space within the existing older building and creating the possibility of a new side entrance hall. For the public, this complementary wing totally enlarged not only the auditorium but also the rear stage and further backstage areas. The use of the classic proscenium for theatrical purposes was enhanced considerably by the conceptual horizontal and

vertical splitting of the newly developed building into various levels and interlinking configurations. Any given theater is meticulously retained in its elements of style and then renovated or—if no longer existent—carefully enhanced with new architectural elements and adapted to the spatial and functional requirements of a modern cultural industry.

The process of transforming the old movie theater of the nineteen-fifties to a new performing theater in Nuremberg is a chance to construct a new city element, retaining an indication of its own history, transporting this into the present but leaving sufficient potential for shaping the theater's own future within the city. Reconstruction is a chance to consider: "One can ask what barriers actually exist within the institution theater, what structural, invisible hurdles that can be altered? … This alteration is a creative process if taking place in the interest of the theater itself—it is the structuring of the future."[1]

This building has its history in Nuremberg. The draft by Jörg Friedrich attempts to trace that history and to make it visible, to carefully consider and to transform the building into appropriate architecture. In the archives, one can find pictures of the Nuremberg Theater before its destruction in World War II. They show a self-confident, multistoried building with portals adjacent to the opera house as a second head building on Richard-Wagner-Square, formulating ideally with its urban foyer the concept of urban planning in the late nineteenth century.

After the war, the Americans built in place of the destroyed theater a small and cramped movie theater for their soldiers. Unfortunate extensions in the following decades made it an ever less appropriate structure for an urban legitimate theater.

After analyzing the history of city planning in that location, a semblance of the pre-war building was transposed into its present-day form of a self-confident edifice with a grand entrance hall. Through the construction of a new vertical, multistoried foyer, it was possible to create

Schauspielhaus Nürnberg
1833

weniger, eine angemessene Raumhülle für ein städtisches Schauspielhaus zu bieten. Aus der Analyse der Stadtbaugeschichte des Ortes wird
die Erinnerung an den Vorkriegsbau in einem neuen selbstbewussten
Foyerbau, im Entwurf von Jörg Friedrich in die Gegenwart umgesetzt.
Die Ausbildung eines neuen vertikalen Foyers über mehrere Geschosse
schafft die nötigen Kommunikations- und Theaterräume, die aus dem
alten „Ami-Kino" endlich einen angemessenen Ort für das Schauspielhaus Nürnberg formen. Ein neuer, akustisch und atmosphärisch verbes-
serter Saal ohne Rang schafft bessere Sichtverhältnisse; gleiche Sicht
für alle, wie in Düsseldorf, im Schauspielhaus. Eine neue Bühnentechnik
bringt das Theater auf Großstadtniveau. Die renovierten Kammerspiele
im Sockel werden in einem öffentlichen Foyer erstmalig gemeinsam mit
Großem Haus, Studiobühne und vielen Bars zu einem neuen Theaterhybrid zusammengefasst, der in allen Geschossen für völlig unterschiedliche Nutzungsarten neue Nutzungsmuster ermöglicht.
Denkmalpflegerisch interessant war die Auseinandersetzung mit der Si-
cherung und Renovierung der erhaltenswerten Bauteile aus den 50er
und 60er Jahren. Im Inneren des Theaterbaus werden konstruktive
Bauteile aus der Entstehungszeit freigelegt und im Foyer wieder erlebbar gemacht, um über die Architektur zu einem neuen Raumkontinuum
zu verschmelzen. Element der Verschmelzung ist die große neue Frei-
treppe im Foyer, deutlich sichtbar im Stadtzusammenhang, die räumlich
die Bewegung der Zuschauer im neuen Haus als sichtbare Flaneure im
Stadtzusammenhang inszeniert; jeden Tag anders. Hier spürt man ein
wenig von der Benjamin'schen Theorie über den Flaneur in der Groß-
stadt, und wie sie architektonisch in Szene gesetzt wird.
Interessant war es, neben der Konstruktion die Wandkunst aus den
60er Jahren mit angemessenen, neu geöffneten Anschauungsräumen
zu umgeben, die den Maßstab auch im Innern des Hauses neu definieren halfen, die Licht, Luft und Raum schaffen für die Kunst.

Die Materialien wurden in die Gegenwart geführt zu einem Ganzen,
ohne Erinnerungsspuren, historische Brüche, zu verdecken. Das Gold
der Wandmosaiken aus den 60er Jahren wird bis in die goldfarbenen
Messingschleier der Foyerfassade transformiert, die dunklen Hölzer der
Böden und Wandverkleidungen nehmen die Materialwelt des Bestands-
baus auf und führen sie fort in die Gegenwart.
Die zugefügte Studiobühne wird als neue Experimentierstätte im dritten
Obergeschoss ins Foyer implantiert. Neue Spielstätten und Orte wie
die Tiefgarage oder die Bars bis unter das Dach im Foyer öffnen das
Schauspielhaus tags wie nachts für völlig andere Besucherschichten
und Theaterformate als bisher – ohne das bisherige Theaterspielkon-
zept deshalb auszuschließen.
Der Beginn eines neuen Verständnisses von Theater wird ermöglicht
über seine architektonische Raumbildung und die neuen inneren Ver-
flechtungssysteme. Das System „Theaterhybrid" beginnt sinnvoll zu
werden in der Benutzung des alten Bestandes und der Fortführung hin
zum neuen Haus.
Ein neues Haus entsteht, durchaus im Sinne der Fortführung einer
klassischen abstrakten Moderne und der geschmähten 60er Jahre mit
gepflegter Eleganz in dreidimensionaler Raffinesse. Behutsam ist der
Umgang mit Alt und Neu. Im städtebaulichen Kontext folgt das Konzept dem Prinzip einer sanften Stadtreparatur am heutigen Standort,
der Aufwertung des Platzensembles in der – fast mehr durch den Wie-
deraufbau als durch die Kriegswunden – bis heute immer noch stark
zerstörten Nürnberger Innenstadt.
Das „Modell Theater Erfurt" mit seinem gläsernen Stadtfoyer und den
inszenierten öffentlichen Erschließungswegen und Räumen findet in
Nürnberg im Entwurfskonzept von Jörg Friedrich seine künstlerische
Weiterentwicklung als Bindeglied zwischen Alt- und Neubau.

Anmerkung
1   Terkessidis, Mark. In: *Dramaturgie*. Berlin, 2/2011, S. 18

Schauspielhaus Nürnberg
ca.1961

requisite communication and theatrical space, finally forming out of the old "Ami" movie theater an appropriate building for Nuremberg's performing theater. A new auditorium without balconies, improved in acoustics and atmosphere, made better visibility possible—equal visibility for all, as in the theater in Düsseldorf. New technical stage equipment raises it to a big-city level. The renovated studio theaters at the base can be enjoyed for the first time in a public foyer together with the main hall, the studio stages, and many bars, designed together as a novel hybrid theater enabling at each level new ways of using space for completely different means. In the context of preserving historical buildings, the critical look at retaining and renovating those elements of the nineteen-fifties and -sixties worth preserving, was of particular interest. Within the theater, structural elements from the original building were exposed and made visible in the foyer; these were blended with the newly constructed measures into a conceptual whole. An element of this fusion is the new grand staircase in the entrance hall, clearly perceptible within the city context, making the spatial movement of the spectators inside the new house visible as strollers in a changing scene from day to day. Here, there is a sense of the Benjamin Theory on the stroller in a municipality set in an architectural scene.

It was interesting, aside from the construction process, to surround the art on the walls from the nineteen-sixties with newly opened, appropriate viewing rooms, helping to define the scale within the building, and providing light, air, and space for the art. The materials were fused into a contemporary whole, without hiding the traces of the past or breaks in historical context. The gold in the mosaics on the walls from

the nineteen-sixties is transformed into the gold-colored brass veil on the front of the entrance hall. The dark woods on the floors and the wall panels repeat the material world of the original building, carrying it on into the present.

The added studio stage was designed as a new experimental location on the third floor of the foyer. New performing areas and locations, such as the underground garage or the bars right up under the roof of the hall, open the theater both day and night to a group of visitors and types of performances completely different from the usual, without ignoring the modern concept of theatrical performance.

The architectural design of space and the new interlinking systems mark the beginning of a modern concept of theater. The "hybrid theater" system begins to take on meaning in the use of previous installations and their continuation, leading to the contemporary building.

The new theater is due to emerge in three-dimensional refinement, definitely in the sense of a continuation of the classical abstract Modern, together with the humbled nineteen-sixties in polished elegance. The old and the new must be treated with caution. In the context of city planning, this concept follows the principle of a gentle city repair at its present location, the revaluation of the urban ensemble in the center of the city of Nuremberg, destroyed to this day not as much by the scars of war as by its rapid reconstruction.

In Jörg Friedrich's concept, the "Model Theater Erfurt" with its urban glass foyer and its design of public access and spaces is finding in Nuremberg its further artistic development as a link between the old edifice and the new.

Note
1   Mark Terkessidis, in: *Dramaturgie* (Berlin 2/2011), 18.

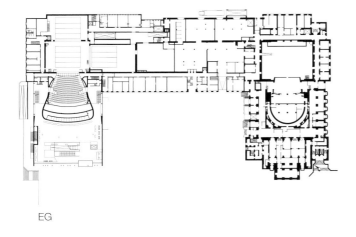

EG

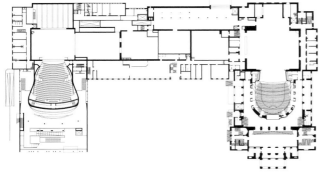

1. OG

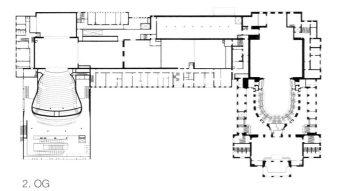

2. OG

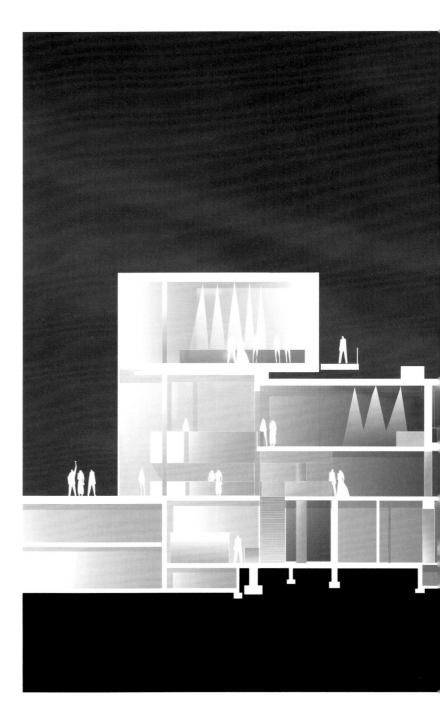

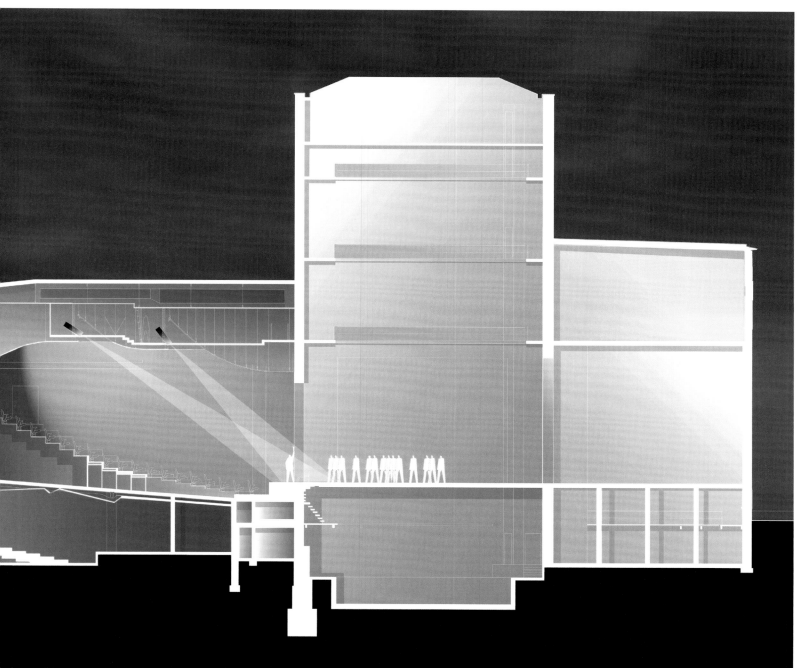

Klaus Kusenberg

EIN GUTES
GEFÜHL ...

Klaus Kusenberg

A GOOD
FEELING…

"The Wild Duck," 2011

Schauspielhaus Nürnberg
„Der Goldene Drache", 2010   "The Golden Dragon," 2010

Nur ungern erinnert man sich heute an die Situation vor der Gene-ralsanierung: Der zum Besuch des Schauspielhauses entschlossene Zuschauer nähert sich dem gedrungenen Gebäude über einen unwirt-lichen, bei Dunkelheit schlecht beleuchteten, bei Regen mit Pfützen übersäten Platz. Er betritt das Gebäude zunächst durch einen düste-ren, niedrigen Vorbau aus dunklem Holz und Glas im Pergolastil, wo er seine Karte an einem irgendwie obrigkeitsstaatlich wirkenden Schalter entgegennimmt. Von dort steigt er entweder über verwinkelte Gänge und Treppen in die Kammerspiele hinab, oder er durchhastet das mit eindeutig aus den 70ern stammendem Teppichboden ausgelegte Fo-yer, um so schnell wie möglich in den Zuschauerraum zu gelangen, wo er kurz noch die für einen Theaterraum überraschende Mischung von Sandstein und blauem Gipskarton wahrnimmt, bevor endlich das Licht erlischt und der Vorhang aufgeht. Und die Schauspieler? Hatten sich im Laufe der Jahre abgefunden mit der kränkenden Mischung

aus veralteter Technik und lieblosen Modernisierungsversuchen. Büh-ne und Zuschauerraum begegneten sich in einer Art Trotz – das stets neugierige und begeisterungsfähige Publikum kam trotz des wenig einladenden Gebäudes, einfach nur, um gute Aufführungen zu erle-ben, und die Schauspieler und Regisseure schafften es immer wieder, trotz der wenig inspirierenden Umgebung ebensolche Aufführungen zustande zu bringen.

Die Aufgabe für die Planung ergab sich aus dieser ernüchternden Be-standsaufnahme. Angestrebt wurde nicht nur eine Generalsanierung, also eine Instandsetzung des Vorhandenen, sondern faktisch ein neues Theater. Der Zuschauer sollte ein ebenso repräsentatives wie weltoffe-nes, gastliches Theater betreten, die Wahl haben zwischen dem Schau-spielhaus, den Kammerspielen und der neuen, nun ins Foyer integrier-ten BlueBox; er sollte sich im Zuschauerraum nicht eingezwängt fühlen, sondern entspannt dem Geschehen auf der Bühne folgen können; die

Today, one is hesitant to reflect upon the status of the theater prior to its general renovation: artists and spectators alike came together with an attitude similar to defiance—despite the less attractive building, the constantly curious and enthusiastic audiences attended, simply to enjoy good productions, and despite the less inspiring environment, the actors and the directors managed, time and again, to create just such productions.

The particular challenge for the planners, then, was not only to repair what already existed, but in the course of renovating, to actually build a new theater. The expectation was that at the end of the reconstruction process, the spectator would enter a prestigious, cosmopolitan, yet hospitable theater; he/she would have the choice between the Schauspielhaus, the Kammerspielen, and the new Blue Box integrated into the foyer. No one should feel squeezed into the auditorium. There should be a relaxed atmosphere in which the audience might enjoy the performance. Technical facilities on stage should meet the expectations and requirements of modern theatrical productions. The essence of theatrical work within recent years should be evident in the theater building itself: a contemporary appearance, social relevance, candor, and competitiveness. The new Schauspielhaus should reflect all of this. Has this been achieved?

At the opening ceremony following two seasons of deprivation during reconstruction, with temporary facilities on the outskirts of town, it suddenly became evident that not only had our working conditions and opportunities been enhanced, but that, with this new building, an enormous improvement had also been made for the audience and the theater itself. During the process of demolition, the decision was made to take down the entire foyer, leaving only the outside walls of the two theatrical auditoriums, the Schauspielhaus and the Kammerspiele. Thus there was the chance to completely redesign the building, and we took advantage of this opportunity. Never before had I experienced what the creativity of a good architect can mean. Stage settings are designed, created, used as backdrops, and then discarded—the building itself, however, remains, representing something similar to an idea set in stone, a much-used symbol of its own ranking, the concept of theater within the city. One can observe how the money was spent—fine, if it was obviously spent in a meaningful manner. Because it was, the perception of drama has changed: Nuremberg is proud of this house, not only the fans of the theater ensemble but the citizens of Nuremberg on the whole. Most of what was previously discussed in theory, debated, and fantasized now became reality. A theater emerged, prestigious but not overladen, inviting, transparent, and cosmopolitan—an elegant, airy foyer within, clearly defined features, a bright light-filled room, staircases inviting one to stroll and enjoy the view and, in contrast, dark parquet flooring, black leather couches and bars on each floor, enticing one to have a seat. This type of environment enhances the status of the individual. The people enjoy wandering around taking pictures and, in general, feel quite comfortable in this atmosphere—as evidenced, by the way, in the altered comportment of the spectators. Many arrive much earlier than in the past, take time for a glass of wine and survey the surroundings. They often remain even after the performance. Upon the request of many visitors, the bar is now open until midnight, offering a novel meeting place for spectators and theatrical personnel alike.

And the art of drama itself? Our theater has been recreated. Previously the curtain opened, the spotlights were turned on, and certainty prevailed that the stage setting would remain unchanged for the next three hours. Now there exists the feeling that the edifice has respect for the artist. Not only is the drama presented contemporary, but the technical facilities as well, reflecting the status of modern theatrical equipment. For the first time since the Schauspielhaus has existed, there are platforms that can be lowered, electric, computer-controlled flies, a revolving stage podium, new spotlights adjustable by motor, and an up-to-date sound and video installation. This is more than just an investment in new equipment. The quality of the workplace has changed, has improved. All of the people participating in the performance work together more closely. The stage technicians are no longer a troop of musclemen appearing from the lower levels upon command. Of course, a lot must still be moved directly by hand; that will always be so at the theater. But now there is the technician who sits in serious concentration before the controlling monitor, following closely the action on stage and steering the movement of the cables and the podium. He is responsible for the exact and smooth course of the performance. Thus a brand new collaboration between art and technology exists; respect for one another grows. It is not by coincidence that the ensemble throws a party for the technicians in gratitude for a successful opening night.

Of course, the attraction of the new and the initial enthusiasm decline in everyday life. Our actual job, creative art with all its crises and adventures, is again at the fore. However, a good feeling remains in any case—our efforts have ensured that this investment is a sensible one. The renovated theater enhances the status of our profession and that of the spectators as well. What more can one desire?

technischen Möglichkeiten der Bühne sollten den Erwartungen und Erfordernissen eines modernen Theaterbetriebs genügen. Die Inhalte unserer Theaterarbeit der letzten Jahre sollten sich im Gebäude niederschlagen: Zeitgenossenschaft, gesellschaftliche Relevanz, Offenheit und Leistungsfähigkeit sollte das neue Schauspielhaus ausstrahlen. Ist das gelungen?

Nach zwei entbehrungsreichen Umbauspielzeiten mit Behelfsbühnen in Stadtrandlage konnte im Oktober 2010 die Wiedereröffnung gefeiert werden. Nachdem in der Planungszeit, jedenfalls für uns Theaterleute, die Bühnentechnik im Vordergrund stand, die Verbesserung unserer Arbeitsbedingungen und Möglichkeiten, wurde nun deutlich, welch immenser Fortschritt der entstandene Neubau auch für das Publikum, für das gesamte Theater war. Schließlich waren nur der Bühnenturm und die Außenmauern der beiden Zuschauerräume von Schauspielhaus und Kammerspielen erhalten geblieben, das gesamte Foyer war abgerissen und neu gebaut worden. Ich hatte bis dahin noch nicht erlebt, was die Arbeit eines guten Architekten bedeuten kann. Bühnenbilder werden entworfen, gebaut, bespielt und sind dann wieder verschwunden – ein Theatergebäude ist immer da, ist in der Tat so etwas wie Stein gewordene Idee, ein begehbares Symbol für den Stellenwert, die Auffassung von Theater in einer Stadt. Man sieht, wo das Geld geblieben ist – gut, wenn es offensichtlich so sinnvoll ausgegeben wurde. Die Wahrnehmung des Schauspiels hat sich dadurch verändert: Die Nürnberger sind stolz darauf, nicht nur die Schauspielfans auf ihr Ensemble, sondern die Nürnberger generell auf dieses Haus. Auch die Münchner Presse, man sollte es nicht denken, kommt nun lieber und deutlich öfter als vorher. Fast alles, was vorher theoretisch besprochen, diskutiert und phantasiert wurde, hat sich eingelöst. Ein Theater, repräsentativ, aber nicht protzig, einladend, transparent, weltoffen, ist entstanden. Innen ein luftiges, elegantes Foyer, klare Linien, ein heller, lichtdurchfluteter Raum, Treppen, die zum Flanieren und Hinausschauen einladen, daneben dunkles Parkett, schwarze Ledersofas, Bars auf jeder Etage, die zum Bleiben verführen. Eine Umgebung, die den Einzelnen aufwertet; man hat Lust, die Leute zu fotografieren, man fühlt sich gut in diesem Foyer – ablesbar übrigens am veränderten Zuschauerverhalten. Früher kam die Mehrheit der Zuschauer zum großen Kummer des Gastronomen ungefähr fünf Minuten vor Beginn der Vorstellung, schnell die Mäntel abgegeben, dann in den Zuschauerraum gehastet. Jetzt kommen viele Zuschauer deutlich früher, trinken gern ein Glas Wein, genießen die Umgebung. Und bleiben oft auch nach der Vorstellung. Die Bar ist auf Wunsch vieler Zuschauer jetzt bis 24 Uhr geöffnet, eine neue Begegnungsstätte für Zuschauer und Theaterleute ist entstanden.

Und die Kunst? Unser Theater ist ein anderes geworden. Früher: Vorhang auf, Licht an – und die Gewissheit, dass sich in den nächsten drei Stunden am Bühnenbild nichts ändern wird. Jetzt das Gefühl, als Künstler vom Gebäude respektiert zu werden. Nicht mehr nur mit unseren Stücken am Puls der Zeit zu sein, sondern auch mit dem technischen Rüstzeug, den ganz realen Möglichkeiten. Erstmals seit Bestehen des Schauspielhauses gibt es versenkbare Podien, einen elektrischen, computergesteuerten Schnürboden, eine Drehscheibe, neue, motorisch verstellbare Scheinwerfer, eine Ton- und Videoanlage auf neuestem Stand. Das bedeutet mehr als eine bloße Investition in neue Maschinen. Die Qualität der Arbeitsplätze hat sich verändert, verbessert. Alle an einer Vorstellung Beteiligten rücken enger zusammen. Die Bühnentechniker sind nicht länger eine muskelbepackte Truppe, die auf Zuruf aus dem Keller auf die Bühne kommt. Natürlich muss immer noch vieles direkt von Hand bewegt werden, das wird immer so sein am Theater. Aber jetzt gibt es auch den Techniker, der ernst und konzentriert vor seinem Steuerungsmonitor sitzt. Auf der Bühne verfolgt er die Vorstellung, steuert die Fahrten der Seilzüge und Podien, ist verantwortlich für den sicheren Ablauf der Vorstellung. Das schafft einen ganz neuen Zusammenhalt zwischen Kunst und Technik, der Respekt füreinander ist gewachsen. Nicht zufällig gibt das Ensemble eine Party für die Techniker und Technikerinnen – zum Dank für die gelungene Eröffnung.

Natürlich nimmt der Reiz des Neuen und die Anfangseuphorie im Alltag ab. Unsere eigentliche Aufgabe, die künstlerische Arbeit mit all ihren Krisen und Abenteuern, steht wieder im Vordergrund. Aber ein gutes Gefühl bleibt auf jeden Fall: Wir haben mit unserer Arbeit dafür gesorgt, dass diese Investition sinnvoll erschien, jetzt sorgt das neue Haus für eine Aufwertung unserer Arbeit und unserer Zuschauer. Was will man mehr.

STUDY AND
EXPERIMENT

FORSCHEN UND EXPERIMENTIEREN

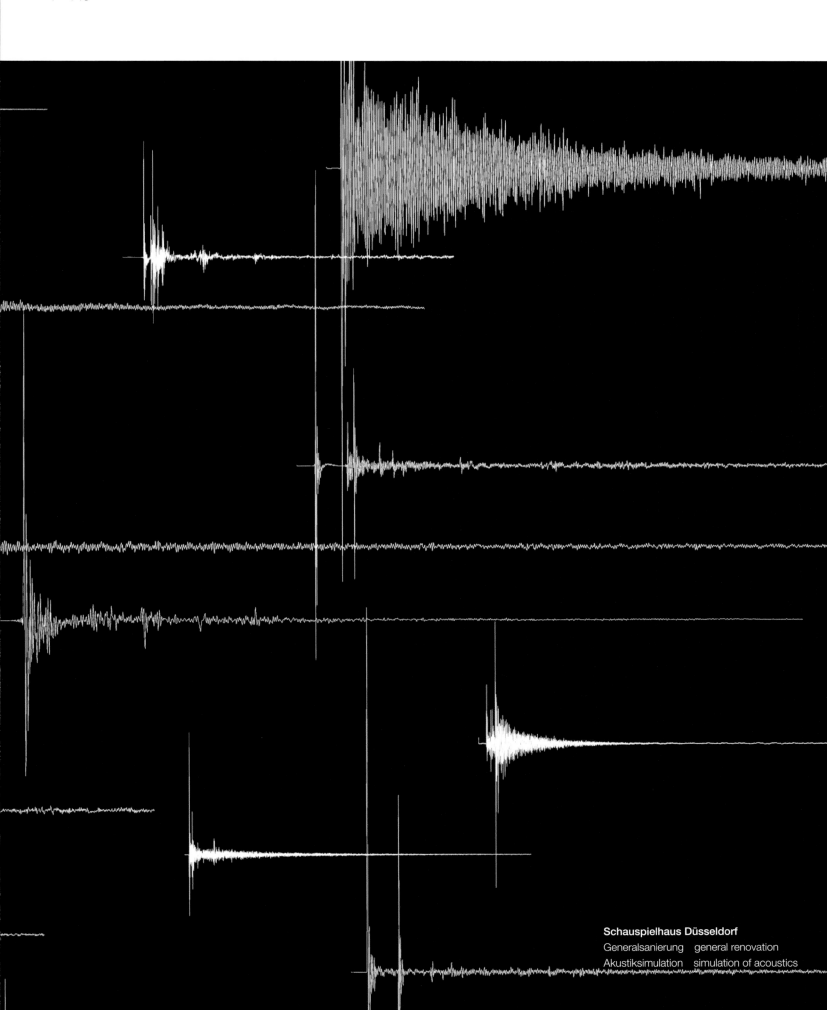

Schauspielhaus Düsseldorf
Generalsanierung   general renovation
Akustiksimulation   simulation of acoustics

Ivana Paonessa

DER HÖRBARE RAUM – SIMULATION DES UNSICHTBAREN

Düsseldorf

„Der Raum, den das Theater meint, ist (…) ein Kunstraum, der erst durch eine mehr oder weniger große innere Verwandlung des tatsächlichen Raumes zustande kommt, ist ein Erlebnis, bei dem der Bühnenraum in einen andersgearteten Raum verwandelt wird."[1]

Dies gilt nach den Erfahrungen von pfp architekten heute noch mehr für den Zuschauerbereich. Ernst Mach beschreibt 1905 in „Erkenntnis und Irrtum" den Raum der sinnlichen Anschauung als physiologischen Raum und untergliedert Räume nach den unterschiedlichen Sinnen in den Sehraum, Tastraum und akustischen Raum. Zum davon abzugrenzenden, empfindungslosen geometrischen Raum stehen die menschlichen Empfindungen in komplexen Beziehungen. Ernst Cassirer unterscheidet zwischen dem durch Wahrnehmung gegebenen, sinnlich-gegenständlichen und dem mathematischen Raum. Nach Cassirer ist bereits der Wahrnehmungsraum nicht unmittelbar gegeben, sondern erfordert Denk- und Vorstellungsleistungen, die den Raum „sinnlicher Anschauung im Vorgang einer symbolischen Formgebung konstituieren."[2] „Räume gelten in diesen Theorien nicht als objektive Voraussetzungen des Erlebens, sondern als subjektive Ergebnisse der Konstitutionsprozesse von Wahrnehmung und Erfahrung. (…) Die Differenzierung des Raumes in ‚tatsächlichen Raum' und ‚Erlebnis- und Kunstraum' verweist auf zwei unterschiedliche Raumkonzepte, deren Theoretisierung über den Bereich des Theaters hinausgreift: physikalischer Raum und Wahrnehmungsraum."[3] Zunächst sind hiermit die unterschiedlichen Wahrnehmungsräume auf der Bühne während der Theaterperformance gemeint. Das Entwerfen von Theaterräumen für das Publikum in der Architektur ist im Ansatz ähnlich, jedoch ungleich schwieriger: Der Architekt muss die notwendigen Denk- und Vorstellungsleistungen des Publikums beim Betreten des Raumes vorausahnen, steuern, er „muss die Bildeindrücke vieler aufeinander beziehen, um konstante Vorstellungen entstehen zu lassen, die den Raum sinnlicher Anschauung"[4] in Vorwegnahme

einer für viele gültigen „symbolischen Formung" dauerhaft ähnlich wahrnehmen lassen.

In der Regel ist der physikalische Raum in der Architektur identisch mit dem Wahrnehmungsraum. Der Hörraum bildet über Oberflächengestaltung einen sichtbaren, wahrnehmbaren, sinnlichen Architekturraum. Man kann immer sehen, wie der Raum klingt. Für Moholy-Nagy sind die „biologischen Grundlagen des Raumerlebnisses einem jeden gegeben, so wie das Erlebnis der Farben oder Töne. Durch Übung und geeignete Beispiele kann (…) jeder diese Fähigkeit aus sich herausschälen." Er unterscheidet zwar in der subjektiven Raumwahrnehmung unterschiedliche Erlebnisfähigkeiten, aber „grundsätzlich ist das Raumerlebnis einem jeden zugänglich, selbst in seiner reichen, komplizierten Form."[5] Moholy-Nagy führt bereits früh ein dynamisches Verständnis von Architektur und Raum in die Kunstdiskussion ein: „Architektur ist nicht zu (…) verstehen als starre Umhüllung, als unveränderbare Raumsituation, sondern als bewegliches Gebilde zur Meisterung des Lebens, als organischer Teil des Lebens selber."[6] Die physikalische Erforschung von Hörräumen hat sich, neben der Erforschung von Wahrnehmungs- oder Erfahrungsräumen, durch die Entwicklung rechnergestützter Simulationsprogramme und komplexer Messmodelle und Methoden im Forschungsbereich in den letzten Jahren erheblich weiterentwickelt.

Die Erkenntnis: Der analytische Vorgang der Zerlegung einer Raumschale in unterschiedliche akustische Funktionen braucht nicht identisch mit dem Zusammenfügen und Überlagern der unterschiedlichen Funktionsschichten zu einem neuen ästhetischen Ganzen zu sein. Die Suche gilt dem „missing link", welches die unterschiedlichen Funktionsebenen nebeneinander in ihren Eigenschaften bestehen lässt und dennoch zusammenführen hilft. Der philosophische Begriff der „Vermischten Empfindungen" hat den Architekten geholfen, in der „Mehrdeutigkeit im Auftauchen unterschiedlicher, ja auch einander widersprechender

Ivana Paonessa

THE AUDIBLE ROOM—
A SIMULATION
OF THE INVISIBLE

"The room that is meant by 'theater' is … an artificial room which comes into being only after a more or less extensive internal transformation, in which the stage space is turned into a room of quite a different nature."[1] In the experience of the pfp architects, this applies even more so today to the auditorium. In "Cognition and Error" (1905), Ernst Mach describes a room of sensuous experience as a physiological room and subdivides space according to the different senses involved into visual rooms, tactile rooms and acoustic rooms. Human impressions are complex reactions to an insensitive geometric room, clearly distinguishable from the above. Ernst Cassirer differentiates between both the perceptible sensuous-objective and the perceptible mathematical room. According to Cassirer, the perceived room is not an automatic "given" but requires logic and imagination that create the room of "sensuous perception in a process of symbolic design."[2] "In this theory, space is not understood as an objective prerequisite for experience but as a subjective result of this design process through perception and experience…. The distinction between the 'actual room' and the 'experienced and created room' refers to two different concepts of space whose validity extends far beyond the field of the theater: physical space and perceived space."[3] First of all, this is an indication of the different perceptible spaces on stage during a theatrical performance.

For architects, the design of theatrical rooms for the spectators is basically similar, yet much more difficult: the architect must be capable of presupposing the requisite logical and imaginative processes of the audience when entering the room, steering them; he must relate the impressions of the many to those of the individual in order to arrive at a consistently valid impression—a sensuous perception[4] in anticipation of a valid "symbolic forming" perceived by all in a similar manner.

As a rule, physical space in architecture is identical with perceived space. The auditorium represents through superficial design a visible,

perceptible sensuous architectural room. One can always see how the room sounds. Moholy-Nagy maintains that everyone has the "fundamental biological basis for the perception of room, the perception of color or of sound. By practice and through appropriate examples … anyone is able to locate this ability." In subjective room perception, however, he differentiates between individual abilities to experience, but "fundamentally room perception is common to all, even in its rich and complicated form."[5]

Early on, Moholy-Nagy introduced a dynamic understanding of architecture and room in the discussion of art: "Architecture cannot be understood as a rigid hull, as an invariable status of room but as a maneuverable creation in dealing with life, as an organic part of life itself."[6] Physical research on auditoriums as well as on perception and experiencing of rooms has been rapidly intensified within recent years due to the development of electronically supported simulation programs and complex models and methods of measurement.

The analytical process of dissecting the mantle of a room into various acoustic functions is, however, not identical with the joining and overlapping of these various functional layers to form a new aesthetic unity. There is still that "missing link" that allows the various functional levels to exist in their own right and yet assists them in coordinating. The philosophical concept of "mixed emotions" has helped architects "to find a specific quality of experience within the ambiguity in the appearance of different, even conflicting reactions."[7] In the construction of theaters, it is the invention of acoustical transparency that can combine "in a lovely apparition" the perceived room with the listening room in a common room experience.

Salzburg, with its draft for the "Kleines Festspielhaus," represents an experimental forerunner in this novel design and room concept for music halls by Jörg Friedrich and his team. Together with engineering

Saal aus Glas Glass auditorium
2008

Empfindungen eine besondere Erfahrungsqualität zu finden."[7] Im Theaterbau ist es die Erfindung der akustischen Transparenz, welche Wahrnehmungsraum und Hörraum „in schönem Schein" miteinander zu einem gemeinsamen Raumerlebnis zusammenbinden kann.

Salzburg mit dem Entwurf für das „Kleine Festspielhaus" bildet den experimentellen Vorreiter in dieser neuartigen Entwurfs- und Raumkonzeption von Musiksälen bei Jörg Friedrich und seinem Team. Es wurde gemeinsam mit Akustikern und Wissenschaftlern ein mehrschichtiger Konzertraum errechnet und daraufhin im Projekt weiterentwickelt, der bei unterschiedlichen Zuschauerzahlen, unterschiedlichen Luftfeuchtigkeiten, unterschiedlicher Musikeranzahl und speziellem Stückerepertoire eine bewegliche, aktiv atmende natürliche Akustik für den Raum herstellen kann. Selbst individuelle Musikerbefindlichkeiten, die „ihren" Mozart im Konzertraum besonders weich, brillant oder klar haben wollten, sollten akustisch über das Konzept der „Vermischten Empfindungen" im gleichen Festspielsaal in sehr unterschiedlichen Akustiken ausgelebt werden können. Der Raum wird für die Musiker gestimmt wie ein Instrument. Möglich ist dies durch eine enorme Datenmenge, die den Steuerungsmotoren der beweglich montierten, beliebig verstellbaren, unterschiedlich großen transparenten Glasfelder der transluzenten Wandverkleidung die nötigen Informationen vermitteln soll. Subjektive Empfindungen wie ein „weicher romantischer Raumklang" oder „wie damals in Wien" werden über aufwändig erstellte Rechnermodelle und Datensammlungen kühl abstrahiert,

in Frequenzverläufe, Nachhallzeiten und Reflexionen zerlegt, über die Maschinen in der transparenten Wand im Wahrnehmungsraum einjustiert und als zusammenhängende Raumschale ohne störende sichtbare Aufbauten hörbar gemacht, durch veränderbare Volumina.

Damals war das Konzept noch zu neu, sodass es nicht realisiert worden ist.

In Berlin bei der Sanierung der Oper Unter den Linden werden im Sanierungskonzept von Jörg Friedrich die akustisch fehlenden Raumvolumina dem vorhandenen Opernsaal zugeschaltet, um für Daniel Barenboim den von ihm gewünschten Raumklang zu realisieren. Der Wahrnehmungsraum wird davon nicht beeinträchtigt, die akustisch transparenten Schichten gleichen in Haptik und Erscheinung der Oberflächenstruktur der vorhandenen Decken- und Wandverkleidung. Sie sind im Sinne eines Hightech-Produktes jedoch so weiterentwickelt, dass die „Vermischten Empfindungen" über die Vieldeutigkeit und Mehrschichtigkeit der Raumschalen durch Hinzuschaltung eines neuen, großen, nicht sichtbaren Raumvolumen, zum erforderlichen Raumvolumen, ermöglicht werden. Sichtbar bleibt für den Zuschauer der vertraute alte Saal mit seinen Details und Proportionen. Denkmalpflegerisch erlaubt dieses von den Akustikern, Wissenschaftlern und Architekten weiterentwickelte Hightech-Verfahren eine präzise Sanierung von historischen Oper- und Theaterbauten bei Optimierung einer variablen Raumakustik. Die Auseinandersetzung mit der Sanierung des asbestverseuchten Großen Hauses im Schauspielhaus Düsseldorf von Bernhard Pfau ist

scientists, a multilevel concert hall was calculated and further developed in the project, which would provide agile, actively breathing, natural acoustics within the room accommodating different sizes of audiences, different degrees of humidity, different numbers of musicians, and specific repertoires. Even individual mental attitudes of the musicians who would like "their" Mozart to be smooth, brilliant, or clear should be able to achieve very different acoustical impressions within the same festival hall via the concept of "mixed emotions." The room is tuned for them as an instrument. This is possible by means of an enormous amount of data entered into the steering mechanism for the transparent glass plates, mounted in different sizes on the translucent wall covering as moveable and arbitrarily adjustable pieces. Subjective feelings, such as a "soft romantic room sound" or "like old Vienna," are abstracted by means of computed models and data collections, dissected into frequency, echo time, and reflections and injected through machines into the transparent wall in the receiving room and made evident as a coherent room covering without any disturbing structures. This concept was too new at the time and so was never realized.

When renovating the opera *Unter den Linden* in Berlin, Jörg Friedrich's concept was to add the missing acoustic room volume into the existing opera hall to provide Daniel Barenboim with his desired sound effects. The appearance of the room is not altered thereby. The transparent acoustic layers are similar in tangibility and appearance to the outer structure of the ceiling and wall covering. They are, in the sense of a high-tech product, so highly developed that the "mixed emotions" via the ambiguous, multilayered room coverings can expand the volume of the room into a new, large, and invisible volume; the familiar old auditorium in its proportions and details remains visible for the spectator. As far as the restoration of buildings under monumental protection goes, this high-tech procedure developed by acoustic and engineering scientists, and by architects enables a precise and optimal renovation of room acoustics in historic opera and theater buildings.

This is similarly so in discussions on the renovation of the great auditorium in Bernhard Pfau's theater in Düsseldorf—contaminated by asbestos—when considering the concept of additions to the building under regulations of historic preservation. The familiar criticism of the non-functional acoustics in the monumentally protected theater room of the nineteen-seventies with all its echoes and acoustical holes, voices being inaudible even in the middle of the room, and lighting facilities missing was countered by reducing the acoustical dimensions of the room without losing the design elements of the original building. Friedrich's experience in Erfurt, Salzburg, Linz, Warsaw, and Nuremberg led him, together with the acoustic specialists, to the concept of multilayered room coverage: the concept of "mixed emotions" as a new form of architectonic-acoustic reconciliation.

The external wall coverage in the auditorium is optically effective wood paneling. This was carefully copied and reconstructed in accordance with the design of Bernhard Pfau and the intentions of the office of monumental protection that was involved from the start. The thoughtfully reconstructed perceived room is reproduced in all details as it was in Pfau's design. The errors of the original building, the poor and false acoustics were corrected by means of completely newly developed, invisible layers lying behind the perceived room; these constitute the sound-effective, absorbing, reflecting, or diffusing elements fulfilling all acoustical requirements with a completely different spatial character.

The total space of sound is precisely designed via electronically controlled models by the acoustic engineers. Their measurements of the models represent the basis for—from an architectonic-aesthetic viewpoint—a highly unconventional auditorium with its details in response to acoustic requirements only (see photograph). They are hidden behind Pfau's reconstructed room details within the perceived room décor. Thus Düsseldorf's theater, relieved of the many provisional installations and additions of the last twenty years intended as elements of improvement but ineffective and visually disturbing in the room, can be reconstructed to its original appearance.

The fact that the original Pfau room hull could be restored without any disturbing additions, with its "democratic" room order and invisible lighting facilities, even without new balconies is the result of long years of research and empirical practice in experimenting with multilayered room covering systems. In essence, a step is taken here that could have had its origin in antique times:

In his books, Vitruv viewed the theater in the main as an acoustical room, an auditorium for the masses with generally sufficient understanding of language. Although in the Renaissance Palladio made reference to the antique theater and to Vitruv, his theater room is marked by a change of model. Theater is now conceived not as a room of sound but primarily as a room of vision. Following the rules set by Sebastiano Serlio,[8] Palladio arrives at completely new conceptions of room space

Kleines Festspielhaus Salzburg
Gutachten experts' review
2002

konzeptionell im Weiterbauen im denkmalgeschützten Bestand ange-
legt. Den bekannten Kritikpunkten an dem akustisch nicht funktionsfä-
higen, denkmalgeschützten Theaterraum aus den 70er Jahren, mit all
seinen Echos und akustischen Löchern bis hin zur Unverständlichkeit
von Sprache bereits in der Mitte des Theatersaales und den fehlenden Beleuchterbrücken, wurde begegnet, indem der Raum akustisch
verkleinert wurde, ohne die gestalterischen Elemente des Vorgänger-
baus zu verlieren. Friedrichs Erfahrungen aus Erfurt, Salzburg, Linz,
Warschau und Nürnberg brachten ihn gemeinsam mit den Akustikern
zur Konzeption der mehrschaligen Raumschichtung: Das Konzept der
„Vermischten Empfindungen" als neue Form von architektonisch- akus-
tischer Dialektik.

Die äußere Raumschale des Saales ist die optisch wirksame Hülle aus
Holz, die ganz im Sinne von Bernhard Pfau und der von Anfang an beteiligten Denkmalpflege behutsam nachgebildet und wiederhergestellt
wird. Der sorgfältig gestaltete Wahrnehmungsraum wird in allen Details
im Sinne des Pfau'schen Saales nachgebildet. Die Fehler des Originals,
die schlechte falsche Akustik, wird in einer völlig neuentwickelten, nicht
sichtbaren, hinter dem Wahrnehmungsraum liegenden Schicht beho-
ben: Sie bildet die akustisch wirksamen absorbierenden, reflektierenden
oder diffundierenden Elemente mit völlig anderen räumlichen Ausprä-
gungen zur Erfüllung aller akustischen Erfordernisse.

Der gesamte Klangraum wird exakt designt über rechnergesteuerte
Modelle der Akustikwissenschaftler. Die Messergebnisse ihrer Modelle
bilden die Grundlage für einen aus architektonisch-ästhetischer Sicht
höchst eigenwillig gestalteten Hörraum mit seinen lediglich auf akustische Anforderungen reagierenden Details (siehe Abb.) Sie bleiben
verborgen hinter der wiederhergestellten Pfau'schen Saaldetaillierung
in der Wahrnehmungsraumschale. Damit kann der Düsseldorfer Theatersaal von vielen provisorischen Ein- und Zubauten aus den letzten 20
Jahren, die als akustische Verbesserungselemente ohne Wirkung, aber
störend sichtbar im Theaterraum herumflatterten, in seine Originalan-
mutung zurückgebaut werden.

Dass schließlich die Wiederherstellung der alten Pfau'schen Raumschale ohne jegliche störende Aufbauten mit seinem „demokratischen" Saal-
parkett und den nicht sichtbaren Beleuchterbrücken, sogar ohne neue
Rangeinbauten, überhaupt realisiert werden kann, ist durch langjährige

Forschung und Erfahrungen im Experimentieren mit mehrschichtigen
Raumschalsystemen möglich geworden. Es wird im Wesentlichen ein
Schritt vollzogen, der bereits in der Antike einen Ursprung haben könnte:
Vitruv hat in seinen Büchern das Theater vorwiegend als akustischen,
als Hörraum für die Massen mit allgemein guter Sprachverständlich-
keit gesehen. Obwohl Palladio in der Renaissance sich auf das antike
Theater und Vitruv bezieht, ist der Theaterraum Palladios durch einen
Paradigmenwechsel gekennzeichnet: Theater wird nicht mehr als akus-
tischer, sondern in erster Linie als visueller Raum konzipiert. Palladio
kommt in Anlehnung an das Regelwerk von Sebastiano Serlio[8] damit
zu völlig neuen Raumkonzeptionen und Raumproportionen, die das
veränderte Theater- und gesellschaftliche Kulturleben baulich besser
repräsentieren helfen.

Im Wahrnehmungsraum wird dem Besucher im Großen Haus in Düsseldorf nach der Sanierung ein völlig neues Hör- (im Vitruv'schen Sinn)
und vertrautes Wahrnehmungsraumerlebnis (im palladianischen Sinn)
beschert.

Hightech, neue Konstruktions- und neue akustische Simulationsmetho-
den lassen im Theaterbau Raumschalen Realität werden, die bislang in
ihrer Komplexität unvorstellbar, unplanbar schienen. Erkenntnisse aus
diesen Experimenten und Forschungen fließen sicher in andere Berei-
che der Architektur ein. Sie werden in Zukunft für das akustische Gestalten und Wahrnehmen von Architektur und Stadt neue Perspektiven
eröffnen.

Anmerkungen

1.   Herrman, Max: *Das theatralische Raumerlebnis*, Berlin, 1931, S. 271
2.   Cassirer, Ernst: *Philosophie der Symbolischen Form III: Phänomenologie der Erkenntnis*.
      1929
3.   Roselt, Jens: „Raum". In: *Theatertheorie*. Stuttgart 2005, S. 264
4.   Ebd., S. 265
5.   Moholy-Nagy, Laszlo: „Der Begriff des Raumes". In: *Manifeste 1905—1933*; Schmidt,
      Dieter (Hg.). Dresden, S. 390
6.   Ebd., S. 391
7.   Lissmann, K.P.: *Ästhetische Empfindungen*. Wien 2009, S.33
8.   Serlio, Sebastiano: *Regole generali di architettura*. (*Von der Architektur*). 1609

Berlin, Staatsoper Unter den Linden
Gutachten experts' review
2008

and proportions that better help to represent architecturally the altered theatrical and social culture of the time.

Following its renovation, the visitor to the "Grosses Haus" in Düsseldorf will now encounter in the perceived room a completely new auditory (according to Vitruv) and familiar visual experience (according to Palladio). High-tech, new methods of construction and new methods of simulating acoustics allow room construction to become reality in the theatrical world that seemed previously unimaginable and inconceivable. Knowledge gained from these experiments and research work will definitely be influential in other areas of architecture. They will open brand new perspectives for acoustical design and for the perception of architecture and the city.

Notes

1   Max Herman: *Das theatralische Raumerlebnis*, Berlin, 1931, p. 271
2   Ernst Cassirer: *Philosophie der Symbolischen Form III: Phänomenologie der Erkenntnis*, 1929
3   Jens Roselt: "Raum," in: *Theatertheorie*, Stuttgart, 2005), p. 264
4   Ibid., p. 265.
5   Laszlo Moholy-Nagy: "Der Begriff des Raumes," in: *Manifeste 1905–1933*, Schmidt, Dieter (Ed.), Dresden, p. 390
6   Ibid., p. 391
7   K.P. Lissmann: *Ästhetische Empfindungen*, Vienna, 2009, p. 33
8   Sebastiano Serlio: *Regole generali di architettura* [General Rules of Architecture], 1609

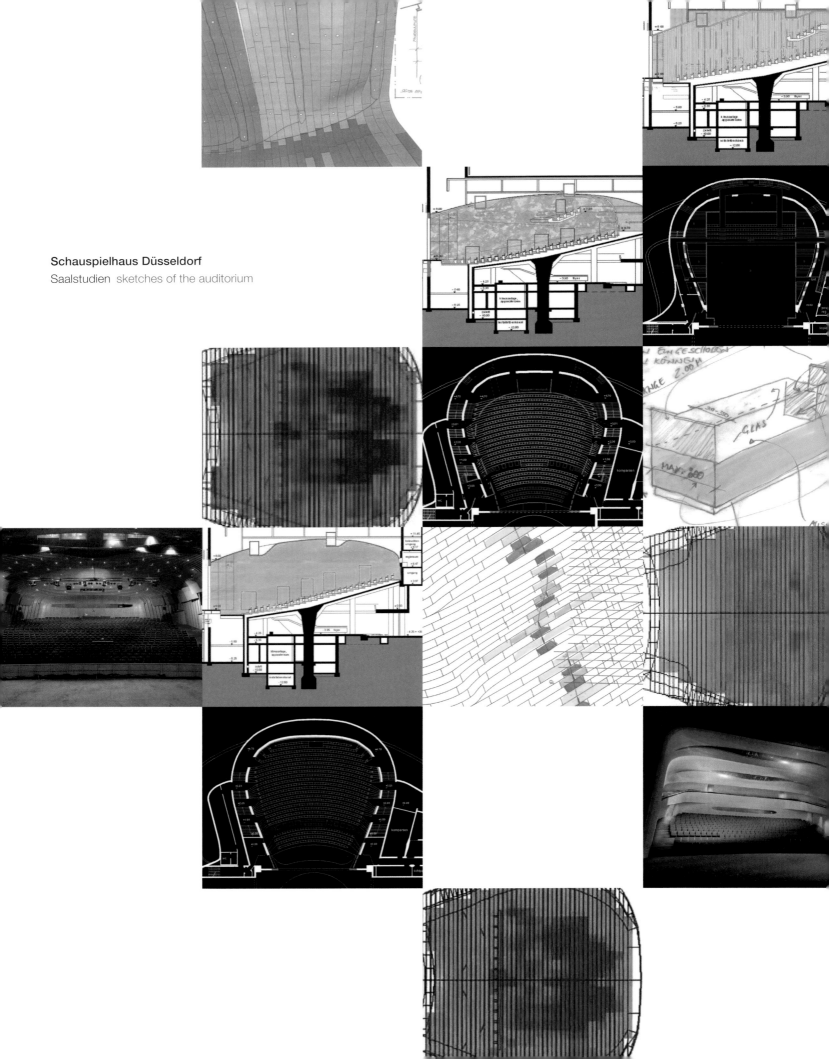

Schauspielhaus Düsseldorf
Saalstudien sketches of the auditorium

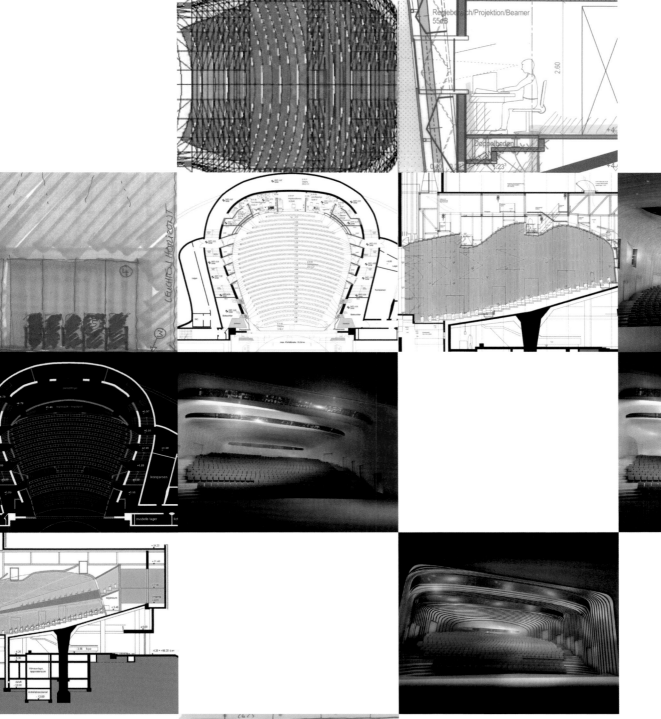

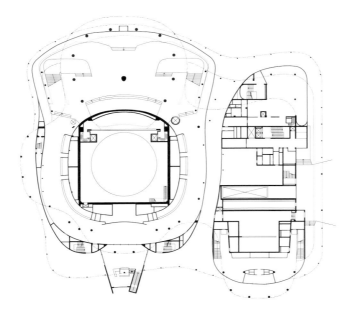

Schauspielhaus Düsseldorf
Grundriss nach der Sanierung, EG, 2.OG
floor plan after renovation, ground floor, 2nd floor

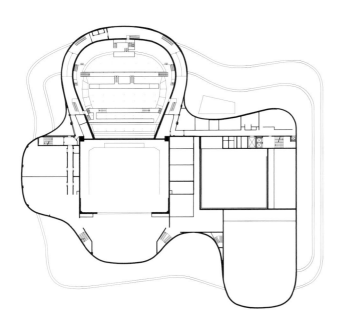

Schauspielhaus Düsseldorf
Längsschnitt nach der Sanierung
longitudinal section after renovation

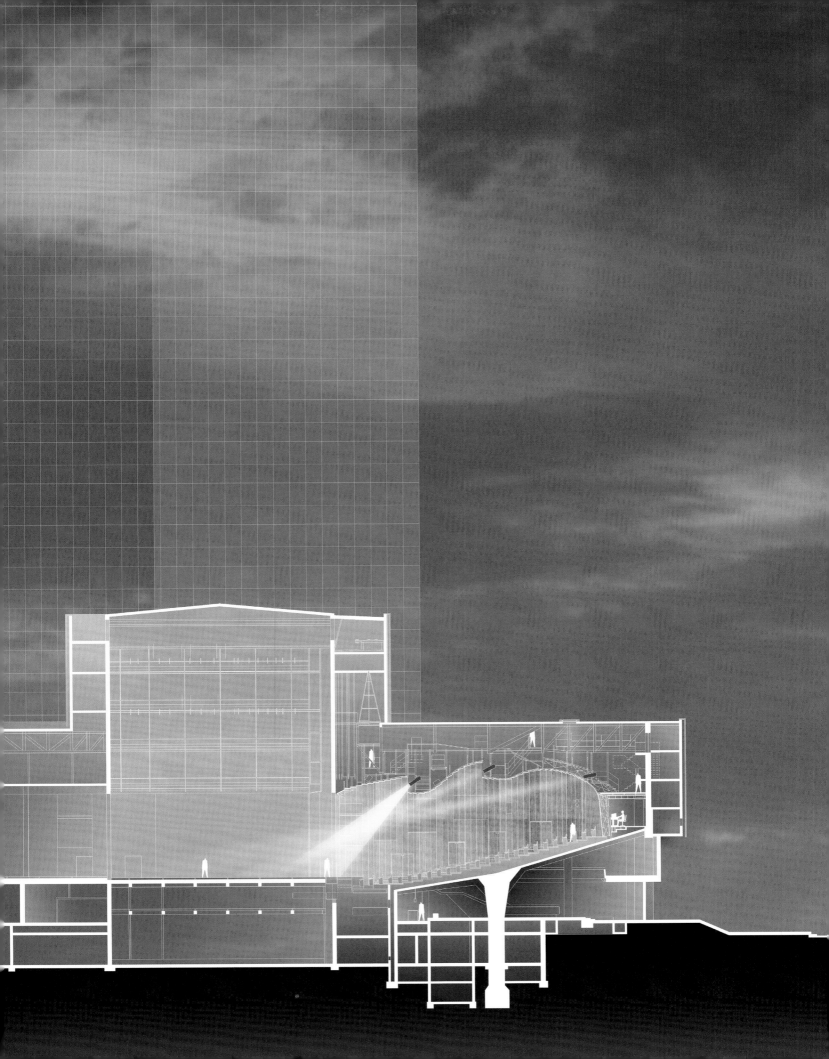

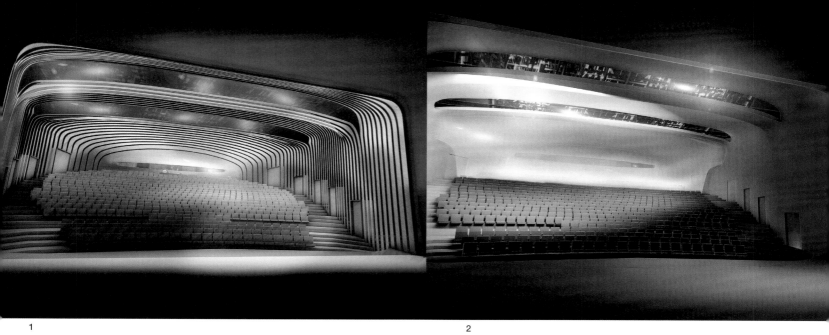

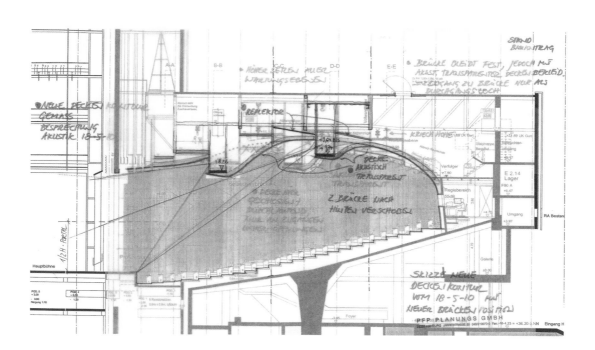

Schauspielhaus Düsseldorf

Saalstudien

design studies of the auditorium

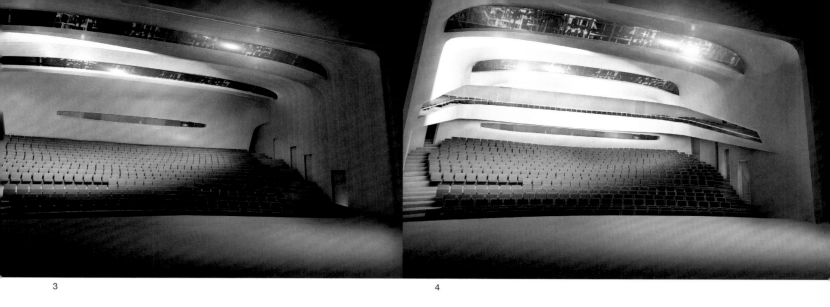

3   4

Schauspielhaus Düsseldorf
Umbau Großes Haus
conversion of the Grosses Haus

Schauspielhaus Düsseldorf
Großer Saal nach der Sanierung, 2011
Great auditorium after renovation, 2011

Großer Saal, Details
Great auditorium, details

élie Niermeyer

KEIN LEICHTES SPIEL:
DAS GROSSE HAUS

Schauspielhaus Düsseldorf
nach der Sanierung, 2011   after renovation, 2011

Amélie Niermeyer

NO EASY PLAY:
DAS GROSSE HAUS

„Das Große Haus ist schwer bespielbar." Nicht gerade aufmunternde Worte, die mir Günther Beelitz, von 1976 bis 1986 Generalintendant am Düsseldorfer Schauspielhaus, mit auf den Weg gab. Auch ein anderer großer Theatermann unserer Zeit, Jürgen Flimm, empfahl mir: „Wenn du das Große Haus nicht veränderst, schaffst du es in Düsseldorf nicht!" An seine Worte erinnerte ich mich noch häufig. Denn tatsächlich war die Zeit meiner Generalintendanz am Düsseldorfer Schauspielhaus seit der Spielzeit 2006/07 geprägt vom Großen Haus, seiner Architektur und der Sanierung der Ober- und Untermaschinerie und später des Zuschauersaales. Der Theaterraum mit seinen bis zu 944 Plätzen und einer Länge von 28,5 Metern wurde in der zweiten Hälfte der 60er Jahre im Sinne des Düsseldorfer Architekten Bernhard Pfau als demokratischer Zuschauerraum ohne Ränge erbaut und am 16. Januar 1970 eröffnet.

Das Düsseldorfer Schauspielhaus ist grundsätzlich ein großartiger Theaterbau, ein echtes Wahrzeichen für die Stadt. Bei jeder Bauprobe und allen Premieren stand allerdings im Großen Haus immer wieder die Frage im Raum: Meistern der Regisseur und der Bühnenbildner die Herausforderung, mit diesem riesigen, breiten Saal umzugehen?

Bei meinen Inszenierungen im Großen Haus erinnere ich mich vor allem an drei Bühnenbilder: Am 2. Oktober 2006 habe ich mit Elias Canettis *Hochzeit* meine erste Regiearbeit in Düsseldorf präsentiert. Diese Produktion glückte durch das Vorziehen der Spielfläche und eine Schräge, die das von Maria-Alice Bahra gestaltete Bühnenbild nach vorne drückte. Auch Robert Schweers Bühnenbild bei *Drei Schwestern* von Anton Tschechow funktionierte auf der fast 500 Quadratmeter großen Bühnenfläche: Die hintere Kulissenwand schob sich im Laufe des Geschehens immer weiter an die Rampe heran, bis die „drei Schwestern" keinen Platz mehr hatten, auf der Bühne weiterzuspielen. Bei meiner Inszenierung von Lessings *Minna von Barnhelm* hatte der Bühnenbildner Olaf Altmann die großartige Idee, die Szenen nach hinten kippen zu lassen. Wurde die Rückwand hochgefahren, ließ das Bühnenbild tief in die Maschinerie blicken, um später – von zahllosen Seilzügen gehalten – gegenläufig wieder heruntergelassen und von der anderen Seite als Boden genutzt zu werden.

Bei diesen Inszenierungen glückte es, das Geschehen auf der Bühne spannungsgeladen in den Saal zu übertragen. Bei anderen Arbeiten – unter anderem bei meiner Inszenierung von Kleists *Käthchen von Heilbronn* zur Eröffnung der Spielzeit 2007/08 – gelang es nicht optimal. „Ich muss hier wie in einem Stadion inszenieren", hat der Regisseur Stefan Bachmann einmal vor dem Umbau über das Große Haus gesagt. Wenn man versuchte, die Tiefe der Bühne zu nutzen, war die Intensität der Bilder, die man auf der Probebühne erlebt hatte, schwer übertragbar. Auch vor meiner Intendanz wollten die Regisseure deswegen immer lieber im Kleinen Haus als im Großen Haus inszenieren. Wie kann man diesen Raum auch hinsichtlich der viel kritisierten schlechten Akustik, einer nicht optimalen Situation für die Beleuchtung und eben auch zugunsten einer größeren Nähe zwischen den Akteuren auf der Bühne und den Zuschauern im Saal verbessern? Über einen Umbau im Rahmen der ohnehin erforderlichen Asbestsanierung.

Seit April 2009 arbeiten wir mit dem Team um Jörg Friedrich an der Umsetzung dieses Raumproblems. Wir hatten immer das Gefühl, dass die Architekten den Bau mit großem Kunstverständnis behutsam behandelten und – das war für uns wichtig - immer den Blickwinkel der Theaterschaffenden verstanden haben. Dass wir es mit hervorragenden Fachleuten in den Bereichen Akustik, Theaterbaugestaltung, Sanierung und Haustechnik zu tun hatten, merkten wir im Laufe der Realisierung. Es gab vier ganz unterschiedliche mutige Vorschläge der Architekten, wie man das Große Haus neu gestalten könnte. Die Hamburger waren wunderbare Gesprächspartner, mit denen wir anregende Diskussionen geführt haben. Die von den Planern angedachte futuristische Ranglösung für den Zuschauersaal wäre uns für die Nähe zwischen Akteuren und Besuchern natürlich am liebsten gewesen. Dies war wegen des Denkmalschutzes wenig realistisch. Das ausgeführte Projekt verkleinert den Zuschauerraum in Länge und Breite und löst elegant die technischen Bedürfnisse nach Akustik und zeitgemäßem Licht in der neu gestalteten Raumschale – die wunderbare Raumform aber bleibt erhalten. Nach dem Umbau können Regisseure in Zukunft den Vorbau der Bühne weiter für ihre Inszenierungen nutzen – nun aber mit der optimalen Nähe zwischen den Schauspielern vorne bis zu den Zuschauern hinten, in der letzten Reihe. Und: Man wird sie nicht nur besser sehen, sondern endlich auch hören und überall verstehen können. Wie im richtigen Theater.

Schauspielhaus Düsseldorf
„Minna von Barnhelm oder das Soldatenglück", 2009/10
"Minna von Barnhelm or the Soldiers' Happiness," 2009/10

"It is difficult to perform in the 'Grosses Haus.'" These were not very encouraging words spoken to me as starting advice by Günther Beelitz, the former General Director of the theater in Düsseldorf (1976 to 1986). Another eminent man of present-day theater, Jürgen Flimm, advised the following as well: "If you are not capable of making a change in the 'Grosses Haus,' you will not succeed in Düsseldorf." I thought of his words quite often. For, as a matter of fact, the time I have spent as General Director of theater in Düsseldorf from the 2006/2007 season on, was marked by the Grosses Haus, its architecture, the renovation of its upper and lower stage machinery, and later of the auditorium itself. The theater hall with its some 944 seats and its 28.5-meter length was built by the Düsseldorf architect, Bernhard Pfau, in the second half of the nineteen-sixties in his sense of a democratic auditorium with no balconies. It was opened on January 16, 1970.

The Düsseldorf theater is, in principle, a wonderful theater building, a true symbol of the city. At every stage of construction and at all first-night performances in the Grosses Haus, however, the question always prevailed: Will the director and the set designer be able to meet the challenge of this spacious auditorium with its extreme width?

Of the productions under my direction in the Grosses Haus, three stagings are prevalent in my mind: as the first performance under my direction I presented Elias Canetti's *Hochzeit* (Wedding) on October 2, 2006. This production was a success because the stage was moved forward, and a slope forced the setting, designed by Maria-Alice Bahra, out towards the audience. And Robert Schweer's stage setting for Anton Chekhov's *Three Sisters* also functioned well on the nearly 500 square meters of stage: during the performance, the rear backdrop moved forward continually toward the ramp until the "three sisters" had no space left on stage to perform. With the production of Lessing's *Minna von Barnhelm,* the set designer, Olaf Altmann, had the brilliant idea of letting each scene fall backwards. When the back wall was raised, the setting allowed a good view of the underlying machinery, and when later counter-rotated—held by numerous cables—it then became the floor on the other side.

With these particular productions, we managed to successfully transmit to the audience the suspense of the performance on stage. With others—for example, my production of Kleist's *Käthchen von Heilbronn* at the opening of the 2007/2008 season—there was no optimal solution. "Here it's like directing in a stadium," the producer Stefan Bachmann once stated before the renovation of the Grosses Haus. If one attempted to utilize the depth of the space, the intensity of the individual scenes experienced on the rehearsal stage was difficult to transmit. Even before I became theater manager, the directors preferred to perform in the Kleines Haus.

In view of the much-criticized acoustics, a less than optimal lighting situation, and the desire for closer proximity between the actors on stage and the spectators in the theater, how can this space be improved? Only through reconstruction, necessary in any case because of asbestos pollution. Since April 2009, we have been working with Jörg Friedrich and his team to actively resolve this space problem. We have always had the feeling that these architects treat the building with care, great cultural respect, and—this was most important for us—always with understanding for the concerns of those creating theater.

As the work progressed, we soon noted that we were working with outstanding specialists in the fields of acoustics, theater construction design, renovation measures, and theatrical engineering. There were four very different yet exciting suggestions by the architects as to how one could redesign the Grosses Haus. These Hamburg specialists were excellent conversation partners with whom we had many a stimulating discussion. The idea of a futuristic balcony solution within the auditorium would have been, of course, our preferred design because of the proximity of the actors and the spectators. However, this was less realistic due to the fact that the theater was under protection as an historical monument. The executed plan reduces the size of the auditorium in both length and breadth, and has found elegant solutions for the technical requirements of both the acoustics and up-to-date lighting within the newly designed seating space. The wonderful form of the room itself remains untouched. Following completion of reconstruction, directors can still make use in the future of the proscenium for their productions—now, however, with optimal proximity of the actors up front and the spectators in the back, even in the last row. And not only can the actors be better seen but finally better heard and understood by all, as well—just like in a real theater!

JÖRG FRIEDRICH

Jörg Friedrich, 1951 in Erfurt geboren, diplomierte 1978 als Architekt an der Universität Stuttgart. Nach der Mitarbeit in den Architekturbüros von Peter Poelzig (Berlin) und Joachim Schürmann (Köln) machte er sich 1980 gemeinsam mit Bernd Sammek, Jürgen Böge und Ingeborg Lindner mit einem Büro in Venedig selbstständig.

Nach der Zusammenarbeit mit Luitpold Frommel am Max Planck Institut in Rom 1984–1985 gründete Jörg Friedrich 1988 das international tätige Architekturbüro pfp architekten mit Sitz in Hamburg, später auch in Genua und Rom, das er bis heute leitet.

Preise: Förderpreis für junge Künstler in Nordrhein-Westfalen, 1984; Förderpreis zum „Fritz Schumacher Preis", Hamburg, 1986; Rom-Preis der Bundesrepublik Deutschland „Villa Massimo", 1987; Architektur- und Kunstpreis des Sächsischen Kunstvereins Dresden, 2000; Thüringer Staatspreis, 2004; zahlreiche BDA Preise; Preis der „Stiftung Lebendige Stadt". Hervorzuheben sind neben den Preisen für seine Theaterentwürfe unter anderem Auszeichnungen der Arbeiten zu neuen Wohnungsbauformen im urbanen Kontext in Hamburg, ebenso für seine Akademien in Dresden, Flensburg, Hamburg und Recklinghausen sowie für diverse Verwaltungsbauten.

Jörg Friedrich übernahm Lehraufträge am Kunsthistorischen Institut der Universität Hamburg (1983–1986), in Mendrisio, Genua, Rom und Wuppertal. Seit 1988 lehrt Jörg Friedrich als Professor Entwerfen und Architekturgeschichte in Hamburg, erhält 1992 einen Ruf an die RWTH Aachen und übernimmt 2000 den Lehrstuhl für Gebäudelehre und Architekturtheorie an der Leibnitz Universität Hannover, den er bis heute inne hat. Jörg Friedrich ist von 1994 bis 1998 Vorsitzender der Sektion Baukunst an der Freien Akademie der Künste in Hamburg. 2006 wird er in das „Kuratorium zum Fritz Schumacher Preis" in Hamburg berufen. Er ist zudem Mitglied der „Dramaturgischen Gesellschaft" sowie der „Stiftung Baukultur" in Berlin.

Architekturausstellungen unter anderem: Düsseldorf (Kunstsammlung Nordrhein-Westfalen, 1984); Rom (1987); Hamburg (1994); Rotterdam (Galerie des Nederlands Architectuurinstituuts, 1997); Aachen (Neue Galerie Sammlung Ludwig, 1998); Venedig (Architekturbiennale 2002); Frankfurt (Deutsches Architekturmuseum, 2005, 2007). Das Büro pfp architekten hat selbst zahlreiche Ausstellungen entworfen, unter anderem für „Der Traum von der Stadt am Meer (Museum für Hamburgische Geschichte, 2003) oder „Radical City Vision" (Kestner Gesellschaft Hannover, 2004).

Jörg Friedrich lebt und arbeitet in Hamburg und Rom.

Jörg Friedrich, born 1951 in Erfurt, earned his diploma in architecture from Stuttgart University. Following work with the architects Peter Poelzig (Berlin) and Joachim Schürmann (Cologne), he set up his own office in Venice, Italy in 1980, together with Bernd Sammek, Jürgen Böge, and Ingeborg Lindner.

After the collaboration with Luitpold Frommel at the Max Planck Institute in Rome from 1981–1982, Jörg Friedrich founded in 1988 the internationally active group, pfp architects, located in Hamburg and later also in Genoa and in Rome, which he is still heading to date.

Awards: Prize for the Promotion of Young Artists in North Rhine-Westphalia, 1984; Promotion Award "Fritz Schumacher Prize," Hamburg 1986; Rome Prize of the Federal Republic of Germany, "Villa Massimo," 1987); Art Prize, awarded by the Sächsischer Kunstverein Dresden, 2000; Thuringia State Prize, 2004; several BDA (Organization of German Architects) awards; prize by the "Foundation for a Living City." Aside from recognition for his theater design, Jörg Friedrich has been honored for his work on modern forms of residential buildings in Hamburg in an urban context, as well as for his academy edifices in Dresden, Flensburg, Hamburg, and Recklinghausen, and for several administrative buildings.

Jörg Friedrich has assumed teaching positions at the Institute of Art History at the Hamburg University (1983–1986), in Mendrisio, Genoa, Rome, and Wuppertal. As Professor in Hamburg, Jörg Friedrich has taught Design and the History of Architecture since 1988; he was offered a chair in 1992 at the RWTH Aachen and took over the chair for Design and the Theory of Architecture in 2000 at the University of Hannover, which he is still holding to date. From 1994 to 1998, Jörg Friedrich was the Head of the Department Architecture at the Free Academy of Arts in Hamburg. In 2006, he became a member of the "Committee for the Fritz Schumacher Prize" in Hamburg. He is also a member of the "Dramaturgy Society" and the "Architecture Foundation" in Berlin.

Architectural exhibits: Düsseldorf (Art Collection North Rhine-Westphalia, 1984); Rome (1987); Hamburg (1994); Rotterdam (Gallery of the Netherlands' Architectural Institute, 1997); Aachen (New Gallery Ludwig Collection, 1998); Venice (Architectural Biennale 2002); Frankfurt/Main (German Museum of Architecture, 2005, 2007). The office pfp architects has designed numerous exhibitions themselves, among others for "The Dream of the City on the Sea" (Museum of the History of Hamburg, 2003); as well as for "Radical City Vision" (Kestner Society, Hannover, 2004).

Jörg Friedrich lives and works in Hamburg and Rome.

DIE AUTOREN

Dirk Baecker

Soziologe und Professor für Kulturtheorie und Analyse an der Zeppelin University in Friedrichshafen.

Arbeitsgebiete: Soziologische Theorie, Kulturtheorie, Wirtschaftssoziologie, Organisationsforschung und Managementlehre; jüngere Veröffentlichungen: „Form und Formen der Kommunikation" (2005), „Studien zur nächsten Gesellschaft" (2007), „Nie wieder Vernunft" (2008), „Die Sache mit der Führung" (2009).

Klaus Kusenberg

1953 in Oberhausen geboren, studierte Germanistik, Philosophie und Theaterwissenschaften in Münster und Köln. Von 1981 bis 1985 war er als Regieassistent am Bochumer Schauspielhaus tätig, wo er u.a. mit Claus Peymann, Alfred Kirchner und Uwe-Jens Jensen arbeitete. In den darauffolgenden Jahren war er freiberuflicher Regisseur, u.a. in Mannheim, Dortmund, Wien, Düsseldorf und für das Goethe-Institut in Pakistan, Indien, Bangladesh und Bulgarien. Bei den Städtischen Bühnen Osnabrück übernahm er 1993 die Oberspielleitung des Schauspiels. 1997 wechselte er in gleicher Funktion ans Badische Staatstheater Karlsruhe. Seit der Spielzeit 2000/2001 ist er Schauspieldirektor am Staatstheater Nürnberg.

Martina Löw

Professorin für Soziologie an der TU Darmstadt, Sprecherin des interdisziplinären Stadtforschungsschwerpunktes an der TU Darmstadt und des LOEWE-Schwerpunktes „Eigenlogik der Städte". Sie ist Mitglied des Kuratoriums Nationale Stadtentwicklung sowie der IBA Basel 2020, Jurorin und Beraterin in zahlreichen Stadtentwicklungsprojekten. Wichtige Veröffentlichungen: „Soziologie des Raums" (2001), „Soziologie der Städte" (2008/2010).

Guy Montavon

Studierte am Konservatorium seiner Heimatstadt Genf Fagott und an der Hamburger Hochschule für Musik und darstellende Kunst Musiktheaterregie. Als Assistent des Regisseurs Giancarlo del Monaco arbeitete er an großen internationalen Opernhäusern. Nach dem Studienabschluss 1986 inszenierte er u.a. an der Hamburgischen Staatsoper, in Helsinki, Livorno, Pisa, Lyon, St. Gallen, Montpellier, Saarbrücken, Bratislava, Turin, Riga und in den USA. 1992 bis 1995 war er Oberspielleiter und stellvertretender Operndirektor an der Oper Bonn und 1996 bis 2002 Intendant des Stadttheaters Gießen. Seit 2002 leitet er als Generalintendant das THEATER ERFURT. 2008 wurde er zum „Chevalier des Arts et Lettres" der Republik Frankreich ernannt.

Amélie Niermeyer

Geboren 1965, leitet als Professorin die Abteilung Regie/Schauspiel der Universität Mozarteum Salzburg. Von 2006 bis 2011 Generalintendantin des Düsseldorfer Schauspielhauses, davor leitete sie von 2002 bis 2005 als Intendantin das Dreispartenhaus Theater Freiburg. Erste Inszenierungen entstanden am Bayerischen Staatsschauspiel München, dort ist sie seit 1990 Hausregisseurin. Arbeiten u. a. am Thalia Theater Hamburg, am Nationaltheater Weimar, am Deutschen Theater Berlin, am Odyssey Theatre in Los Angeles und am Schauspiel Frankfurt, als Oberspielleiterin. Inszenierungen am Düsseldorfer Schauspielhaus u. a. Canettis *Hochzeit,* Tschechows *Drei Schwestern* und *Die Möwe,* Kleists *Das Käthchen von Heilbronn oder die Feuerprobe,* Lessings *Minna von Barnhelm* und Shakespeares *Wie es euch gefällt.*

Ivana Paonessa

Geboren in Napoli/Italien, studierte in Rom und Paris Literaturwissenschaften; begleitet und kuratiert nach ihrem Doktorat in Rom Ausstellungen für Videokunst und zeitgenössisches Theater in Italien. Seit 1990 in Hamburg; Ausstellungskonzeption und Mitkuratorin in verschiedenen Ausstellungen, u.a. „Der Traum von der Stadt am Meer" (Museum für Hamburgische Geschichte, Hamburg, 2003); „Giuseppe Terragni" (Deutsches Architektur Museum, Frankfurt, 2004). Herausgeberin von Katalogen und Architektenmonografien; zuletzt u.a.: *pfp architekten. Works* (Berlin, 2012). Lebt und arbeitet als freie Schriftstellerin und Literaturwissenschaftlerin in Hamburg und Rom.

Friedrich Schirmer

Geboren 1951 in Köln, Abitur in Bremen 1970, seitdem Theaterpraxis. 1985 bis 2010 Intendant in Esslingen, Freiburg, Stuttgart und Hamburg.

THE AUTHORS

Dirk Baecker

Dirk Baecker is a sociologist and Professor of Cultural Theory and Analysis at the Zeppelin University in Friedrichshafen. His areas of research are Sociological Theory, Cultural Theory, Sociology of Economics, and Research on Organization and Management. His most recent publications are: "Form and Forms of Communication" (2005), "Studies on a Future Society" (2007), "Logic Never Again" (2008), and "The Question of Leadership" (2009).

Klaus Kusenberg

Born 1953 in Oberhausen. Studied Philosophy, German Linguistics and Theater Science in Muenster and Cologne. From 1981 to 1985, he was the Assistant Director at the Bochum Theater, where he worked together with Claus Peymann, Alfred Kirchner and Uwe-Jens Jensen. In the following years, he was an independent director in Mannheim, Dortmund, Vienna, Duesseldorf, and with the Goethe Institutes in Pakistan, India, Bangladesh and Bulgaria. He assumed the position of Head of Dramaturgy in 1993 for the City Theaters of Osnabrueck. In 1997, he took over the same position at the State Theater of Baden in Karlsruhe. As of the 2000/2001 season, he is Director of Drama at the State Theater in Nuremberg.

Martina Löw

Martina Löw is Professor of Sociology at the Technical University of Darmstadt, Speaker of the Interdisciplinary Committee on the City Research Project at the TU in Darmstadt, and of the LOEWE Project, "Cities Have Their Own Logic." She is a member of the Committee on National Urban Development as well as of the IBA Basel 2020, a juror and consultant in various urban development projects. Notable publications: "Sociology of Space" (2001), "Sociology of Cities" (2008/2010).

Guy Montavon

Studied bassoon at the conservatory in his home town, Geneva, Switzerland and musical theater production at the Hamburg Professional School for Music and Dramatic Arts. He has been professionally engaged as an Assistant to the Theater Director/Producer, Giancarlo del Monaco, at large international opera houses. Following completion of his studies in 1986, he was a producer at the Hamburg State Opera, and in Helsinki, Livorno, Pisa, Lyon, St. Gallen, Montpellier, Saarbrücken, Bratislava, Turin, Riga, the USA among other locations. From 1992 to 1995, he was the Head of Drama and the Deputy Director of Opera at the opera house in Bonn, and from 1996 to 2002, Director of the City Theater in Giessen. As of 2002, he heads the THEATER ERFURT as its Director General. In 2008, he was awarded the title of "Chevalier des Arts et Lettres" of the Republic of France.

Amélie Niermeyer

Born 1965. Heads Department of Production/Drama at the University "Mozarteum Salzburg." From 2006 until the present (2011), she has been the Director General of the Duesseldorf Theater; from 2002 to 2005, she headed the "Dreispartenhaus Freiburg" as Director. Her initial productions were at the Bavarian State Theater in Munich, where she has been incumbent House Director since 1990. As Head of Drama she has worked at the Thalia Theater in Hamburg, at the National Theater in Weimar, at the German Theater in Berlin, at the Odyssey Theater in Los Angeles, and at the Drama Theater Frankfurt. Her productions at the Duesseldorf Theater include, among others, Canetti's *Hochzeit* (The Wedding), Tschechow's *Drei Schwestern* (Three Sisters) and *Die Moewe* (The Seagull), Kleist's *Das Käthchen von Heilbronn oder die Feuerprobe* (Katy from Heilbronn or the Ordeal by Fire), Lessing's *Minna von Barnhelm* (Minna of Barnhelm) and Shakespeare's *Wie es euch gefällt* (As You Like It).

Ivana Paonessa

Born in Naples, Italy; studied literature in Rome and Paris. Following completion of her doctorate in Rome as a specialist in video art and contemporary theater, she accompanied and curated numerous exhibitions in Italy. Has lived in Hamburg since 1990 where she has worked as deputy curator and conceptualist for various shows, such as *Der Traum von der Stadt am Meer* (The Dream of the City on the Sea) at the Museum of the History of Hamburg, Hamburg 2003; *Giuseppe Terragni* (German Museum of Architecture, Frankfurt 2004). She is publisher of catalogs and architectural monographs, most recently: *pfp architects. Works (Berlin 2012)*. Lives and works as an independent author and literary scientist in Hamburg and Rome.

Friedrich Schirmer

Born 1951 in Cologne, Germany. Obtained his abitur (Secondary School Diploma) 1970 in Bremen and has worked in the theater since then. From 1985-2010 he was Theater Director in Esslingen, Freiburg, Stuttgart and Hamburg.

© 2012 by jovis Verlag GmbH
Das Copyright für die Texte liegt bei den Autoren.
Das Copyright für die Abbildungen liegt bei den Fotografen/Inhabern
der Bildrechte.
Texts by kind permission of the authors.
Pictures by kind permission of the photographers/holders
of the picture rights.

Alle Architekturprojekte sind Entwürfe von Jörg Friedrich
pfp architekten, Hamburg und sind urheberrechtlich geschützt.
All architectural projects are designs by Jörg Friedrich
pfp architekten, Hamburg and are protected by copyright laws.

Umschlagmotiv Cover: Petra Steiner (vorne front),
Ado Lupinetti (hinten back)
Herausgeberin und Redaktion Editor: Dr. Ivana Paonessa
Redaktionelle Mitarbeit Co-editing: Vera Dohmen, Lin Tianran,
Pietro Delvecchio, Miriam Gruppe, Annika Poppel
Übersetzung ins Englische Translation into English: Dr. Carolyn Kayser
Gestaltung und Satz Design and setting: Susanne Rösler, Berlin
Lithografie Lithography: Bild1Druck, Berlin
Druck und Bindung Printing and binding:
DZA Druckerei zu Altenburg GmbH

Bibliografische Information der Deutschen Nationalbibliothek
Die Deutsche Nationalbibliothek verzeichnet diese Publikation in der
Deutschen Nationalbibliografie; detaillierte bibliografische Daten sind
im Internet über http://dnb.d-nb.de abrufbar.
Bibliographic information published by the Deutsche Nationalbibliothek
The Deutsche Nationalbibliothek lists this publication in the Deutsche
Nationalbibliografie; detailed bibliographic data are available on the
Internet at http://dnb.d-nb.de

jovis Verlag GmbH
Kurfürstenstraße 15/16
10785 Berlin

www.jovis.de

ISBN 978-3-86859-120-0

„ Theater sind seit Jahrhu
in der Architektur. Sie sir
Raumstationen, Kathedralen,
Kunstwerke zur gleichen Z
Tränen der Schauspieler und
zu sammeln; Irrenhäuser und
wechselnden Befindlichkeiter
Theaterleute und ihrer Inszer
tektonisch zu rahmen gilt.
Freudenhäuser, was die Lust
möchte, jede, aber auch jede g
einen Traum, auf der Bühne
Welcher Theaterbesucher mö
von seinem Irrenhaus ins Sch
über die Müllhalde in die
Er geht einfach ins Theater. D

Jörg Friedrich, 2011